# 少林秘传技击术

穆红猛　主编

北京体育大学出版社

**策划编辑** 吴海燕　文冰成
**责任编辑** 秦德斌
**责任校对** 吴海燕
**版式设计** 博文宏图

**图书在版编目（CIP）数据**

少林秘传技击术/穆红猛主编．－－2版．－－北京：北京体育大学出版社，2017.6（2023.5重印）
ISBN 978－7－5644－2618－7

Ⅰ.①少…　Ⅱ.①穆…　Ⅲ.①少林拳－技击（体育）
Ⅳ.①G852.151.9

中国版本图书馆CIP数据核字（2017）第131375号

**少林秘传技击术**　　穆红猛　主编
SHAOLIN MICHUAN JIJISHU

出版发行：北京体育大学出版社
地　　址：北京市海淀区农大南路1号院2号楼2层办公B－212
邮　　编：100084
网　　址：http：//cbs.bsu.edu.cn
发 行 部：010－62989320
邮 购 部：北京体育大学出版社读者服务部010－62989432
印　　刷：北京昌联印刷有限公司
开　　本：710mm×1000mm　1/16
成品尺寸：240mm×170mm
印　　张：10
字　　数：167千字
版　　次：2014年1月第1版　2017年6月第2版
印　　次：2023年5月第4次印刷
定　　价：33.00元

# 编 委 会



**主　编**　穆红猛

北魏太和年间，跋陀主持少林寺，招收数十名孤儿为小沙弥，教授武术，此为少林寺武术之开端。

南北朝梁武帝普通七年，达摩“寓止嵩山少林寺”。据说当年达摩为寺僧秘传了一套先天罗汉元始十八手，被视为“少林各师派之正统宗法”。

隋唐时期，少林武术发展演变为四大名门，即罗汉门、韦陀门、大圣门、二郎门。

宋初，福居禅师联合天下武林十八名家，于嵩山少林寺共研武学，留下了许多珍贵的武功秘籍。从此，少林武术定谱传习，发展更快。

宋代，少林短打威震武林，罗汉短打为其中佼佼者。

宋代之后，少林武术广泛流传民间，发展更为兴盛，出现了戳脚、太祖等众多拳种。

明代，少林炮捶、洪拳、六合拳，名重一时。

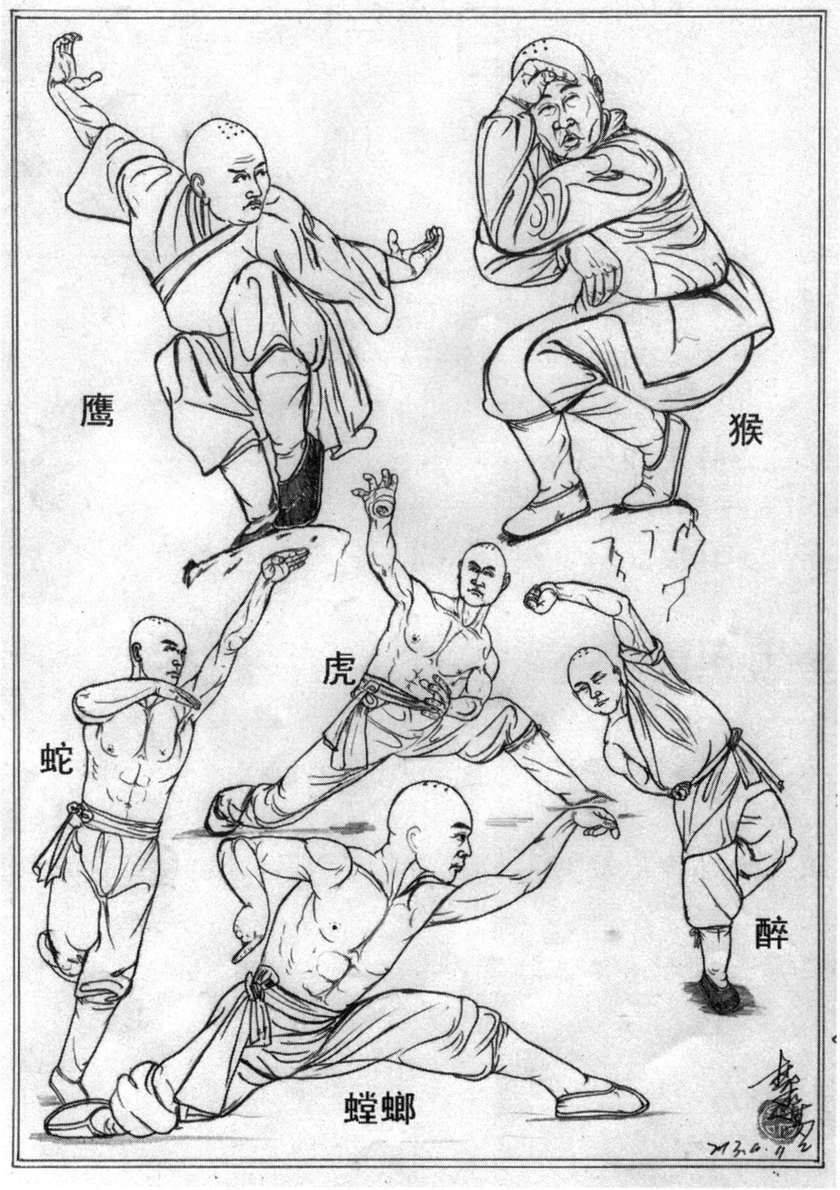


少林武术在明代中期达到高潮，拳技千姿百态，几乎成了中国武术的代名词。

# 目 录

# 第一章　少林技击入门

《少林拳术秘诀》载："技击之术，学之不难，求精为难。少林南北两宗之衣钵，争奇斗异，如当春之花，纷华灿烂，不可思议。而其初时入手之方，则实相差无甚悬远。"本章主要介绍少林拳技的基本手形、步形，而其拳脚招法，留待以下几章详解，请读者细心阅读。

## 一、手　形

### （一）拳

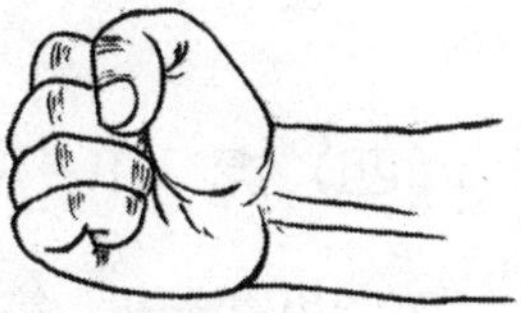

图1－1

四指并拢弯曲，紧握于掌心内，拇指扣压在中指与食指的第二节骨处。（图1－1）

### （二）掌

1. 柳叶掌：四指并拢、伸直，拇指弯曲，掌尖向上，掌心向前。（图1－2）
2. 八字掌：拇指伸开，虎口张开，其余四指伸直。（图1－3）
3. 荷叶掌：五指用力分开，掌心微凹。（图1－4）

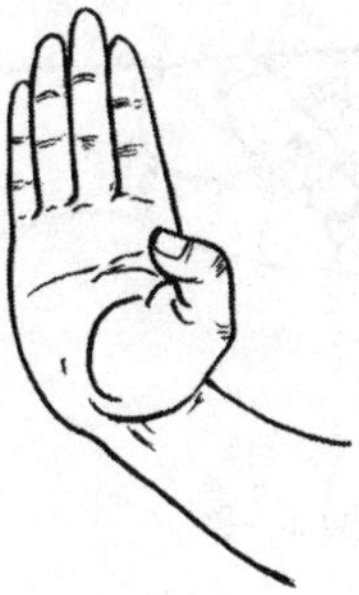

图1－2

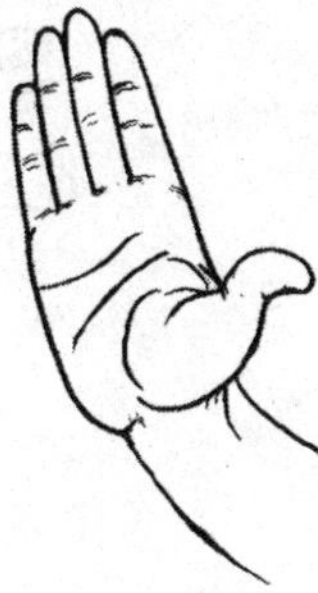

图1－3

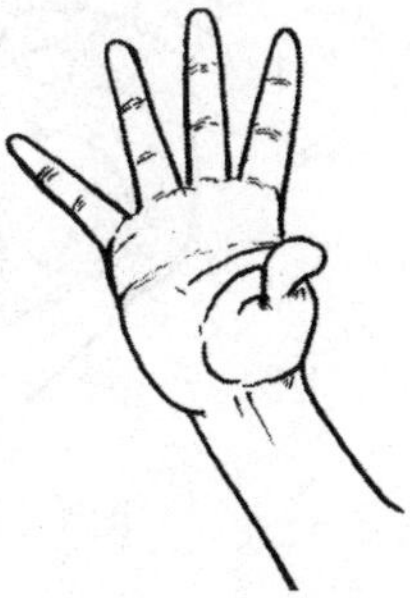

图1－4

### （三）勾　手

1. 屈腕，五指撮拢。（图 1－5）

2. 屈腕，拇指与食指、中指撮拢，无名指、小指依次内屈。（图 1－6）

图 1－5

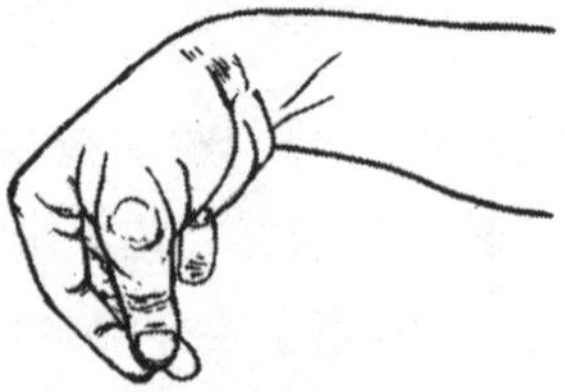

图 1－6

### （四）虎　爪

五指用力分开，第二、三节指骨弯曲，第一节指骨尽量向手背的一面伸张，掌心吐力。（图 1－7）

### （五）二龙指

中指与食指伸直自然分开，其余三指屈于手心，拇指压在无名指、小指的第一指节上。（图 1－8）

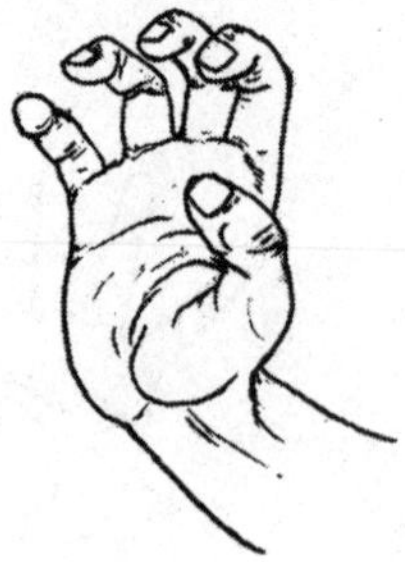

图 1－7

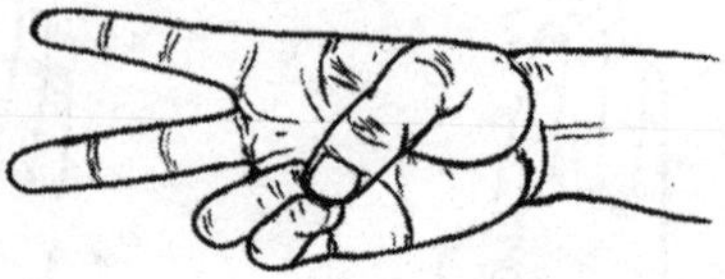

图 1－8

## 二、步　形

### （一）弓　步

一腿屈膝，大腿水平，脚微内扣，全脚掌着地，膝部与脚尖垂直；另一腿挺膝伸直，脚尖里扣斜向前方，全脚掌着地（两脚间距约为自己的脚掌三脚半）。（图 1－9）

### （二）马　步

两脚左右开立（两脚间距约为自己脚掌三脚），脚尖微内扣，屈膝半蹲，大腿接近水平。（图 1－10）

图 1－9

图 1－10

### （三）仆　步

一腿屈膝全蹲，大腿和小腿靠紧，全脚掌着地，膝与脚尖稍外展；另一腿平铺接近地面，全脚掌着地，脚尖内扣。（图 1－11）

### （四）虚　步

一腿屈膝半蹲，大腿接近水平，全脚掌着地脚尖斜向前；另一腿前伸，微屈，脚面绷紧，脚尖虚点地面。（图 1－12）

图 1 –11

图 1 –12

### （五）歇　步

两腿交叉屈膝全蹲，前位脚全脚掌着地，脚尖外展；后位脚脚跟离地，臀部外侧紧贴小腿。（图 1 – 13）

### （六）坐　盘

两腿交叉叠拢下坐，臀部和下面腿的外侧及脚面均着地，上面腿的大腿靠近胸部。（图 1 – 14）

### （七）丁　步

两腿并拢半蹲，一脚全脚掌着地，另一脚脚尖点地，靠在支撑脚内侧，支撑腿大腿成水平。（图 1 – 15）

图 1 –13

图 1 –14

图 1 –15

## （八）蹲桩步

**1. 椅子桩**

两脚并拢，两腿屈膝半蹲，大腿接近水平，全脚掌着地。（图 1－16）

**2. 一字桩**

两脚全脚掌着地，前后并拢，一脚脚尖靠在另一脚内侧脚弓处，两腿屈膝下蹲，大腿接近水平。（图 1－17）

## （九）蹲歇步

一腿屈膝下蹲，全脚掌着地，大腿与小腿靠紧；另一腿屈膝，脚向后相距约 30 厘米，小腿与地面平行，脚跟离地。（图 1－18）

图 1－16

图 1－17

图 1－18

图 1－19

## （十）后点步

两腿直立，前后分开，后位脚以脚尖点地。（图 1－19）

### （十一）跪　步

前位腿屈膝半蹲，全脚掌着地，大腿成水平；后位腿屈膝跪地，脚跟离地，前脚掌着地。（图 1－20）

### （十二）横裆步

两脚左右开立，与弓步类似，唯两脚尖正向前方。（图 1－21）

图 1－20

图 1－21

# 第二章　少林心意把

“练拳不练把，等于瞎胡打。宁教十趟拳，不教一个把。”心意把一直被少林视为镇寺绝技，历来秘不示人，非得真传者难悟其妙。

少林心意把不尚花架，着重实力，内外兼修。练时外形不过几次起落、吞吐、飞纵、翻身，而其内在有机地结合了意念、呼吸、发声、运气等内功心法，心动形随，以气催力，久练通体混元，身如金刚。少林千佛殿砖地上遗留的48个脚窝，即是少林武僧练把发劲所致，可见其惊人的杀伤力。

**【歌　诀】**

心意神把把中尊，打顾顾打妙如神。
侧身矮马如虎踞，变化出没难防忖。
头如悬钟灵其身，项似桅杆穴对准。
身似铁棍撑八面，脚如铁锚抓地稳。
侧身短矮八方顾，起落横顺人难进。
后足擎起全身力，前足暗虚藏假真。
后手拳放腰窝间，前手护裆裆内存。
凝神闻听动和静，报应全凭耳收音。
蜂目侧视伏足跪，锐君鹰猿威逼人。
注射之点敌目光，敌眼光鹄击莫存。
左右克敌纵横制，四梢齐至方为真。
足下存真矮马入，金鸡独立打进门。
紧入一步仙着至，虎爪洗面又掏心。
上打吼声丧敌胆，下打雷击失敌魂。
沾身须合阴阳气，把无气法不足论。
放把吐气须开声，一哼一噫输赢分。

心意神把是真品，千古之谜未传人。

千佛大殿脚窝在，少林功夫传古今。

【练　法】

## 一、撅头把

1. 并步正身直立，两臂自然垂于体侧，心静体松，自然呼吸，目平视前方。（图2－1）

2. 身体左转90度，屈膝下蹲，左脚前点成左虚步，两膝相扣。同时，双手握拳左拉右坠，左拳护于裆部，右拳护于心部，拳心向里；目视前方。（图2－2）

图2－1

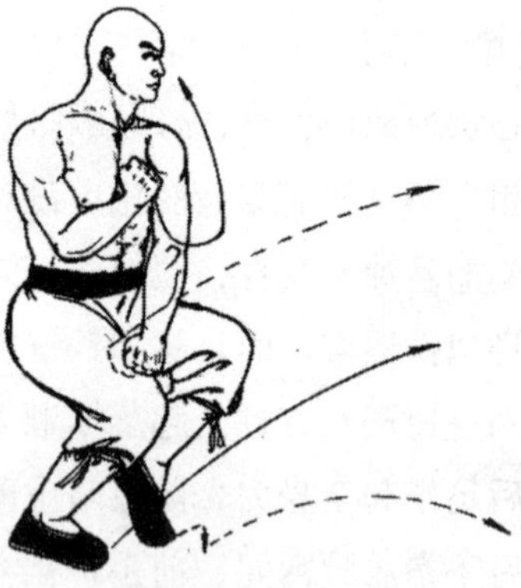

图2－2

3. 左脚前点后前跨一步，右脚随之勾脚提起。同时，左拳提于胸口，右拳绕过左前臂上拉至右耳处（犹如提篮），拳眼向下。左拳随即变掌立掌向前推，口发“嗯”声。（图2－3）

4. 右脚前落，左脚跟步，下蹲成弯套弯步（两脚掌、脚跟着地，两膝相扣）。同时，左掌变拳上提，两拳成锄头势，随右脚下落双拳劈下，拳眼向上，口发“嗯”声。此势犹如农夫锄地，俗称“锄地把”或“撅地把”。（图2－4）

此把为心意把之母，由此可又演变出十二大势，又叫十二把。

图2－3

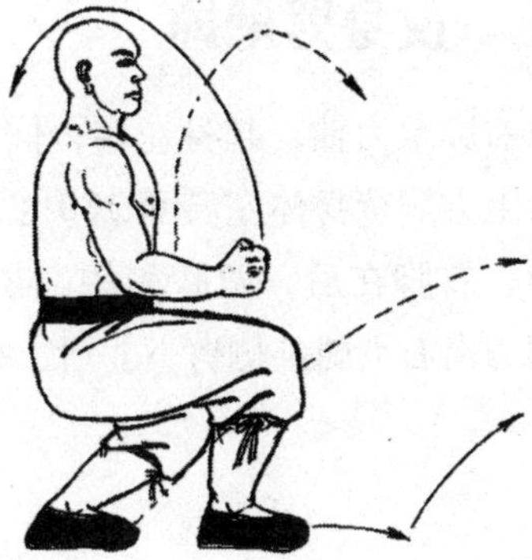
图2－4

## 二、亮翅把

1. 右脚前点，双脚向上、向前纵起。同时，双拳变掌在左胸前交叉后向两侧分拨。（图2－5）

2. 身体落下，左脚落在前，右脚落在后，屈膝下蹲成弯套弯步；两臂分展于体侧，掌高与腰平，掌心向下。（图2－6）

图2－5

图2－6

## 三、反身劈把捶

以右脚跟为轴，起身左转；同时，双掌变拳上举至左肩上方。待身体左转至180度后，直身下落，左脚在前，右脚在后，两膝相扣。在身体落下的同时，双拳用力向右大腿外侧劈下。(图2－7)

图2－7

## 四、进步劈把捶

1. 左腿勾脚提起，双拳上提至右肩上方。(图2－8)。

2. 左脚向前下落，右脚随即向前跨一步，左脚跟步蹲身成弯套弯步。同时，双拳顺势用力下劈，拳眼向上。(图2－9)

图2－8

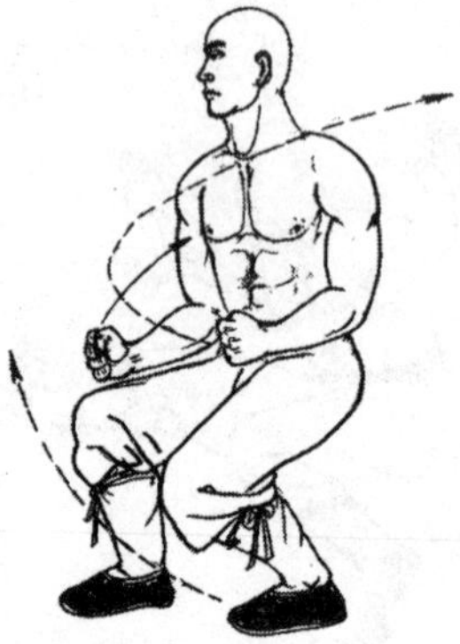

图2－9

## 五、移身把

1. 身体左转，左腿勾脚提起；左拳随转身向外拨，拳面向上，高与肩平。（图2－10）

2. 身体左转至180度后，左脚向前跨一步，右脚跟上，直身下蹲，成右丁步。同时，右拳经头顶画弧下劈，拳面向上，屈肘，肘往下沉。（图2－11）

图2－10

图2－11

## 六、斜势把

右脚跺地向后退一步，身子右转成右弓步。左拳翻腕下拉，拳心斜向上；右拳翻腕上提至右肩上，拳心向后。目视左侧。（图2－12）

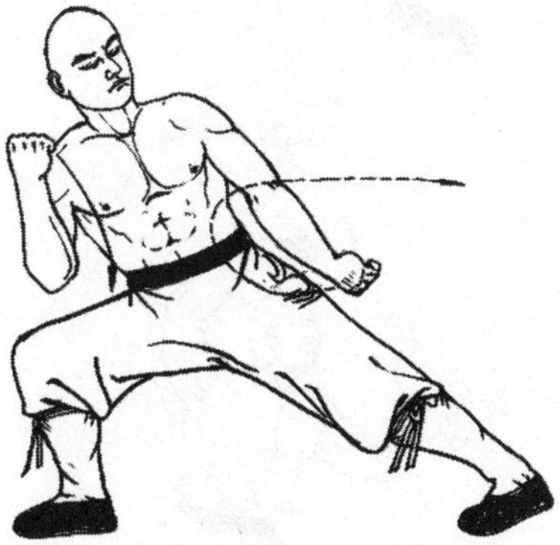

图2－12

## 七、顺势把

1. 身体左转 90 度，成左弓步。右拳下收于右侧腹前，拳心向里；左拳变掌，经腹前画弧向前穿出，肘略屈，前臂、掌与左肋平，掌心向上。（图 2 –13）

2. 右脚前跨，两掌（右拳变掌）收在腹前交叉。（图 2 –14）

3. 右脚下落成右弓步；两手翻掌，右掌向前穿出，掌心向下；左掌收于腹前；目视前方（图 2 –15）。

图 2 –13

图 2 –14

图 2 –15

图 2 –16

## 八、反身推苍把

身子左转 180 度，成左弓步；随转身左掌上架，右手立掌推出。（图 2 –16）

## 九、撩阴把

1. 右脚前跨一步，左脚跟上成弯套弯步；同时，左掌变虎爪经体前画弧上举置于头顶；右掌变虎爪下抓后从裆部握拳于右膝内侧前，拳眼向上。(图 2－17)

2. 左脚上步，右脚跟步成弯套弯步；同时，右拳上提，左爪变拳下落，双拳相平于肩上方时，下劈。(图 2－18)

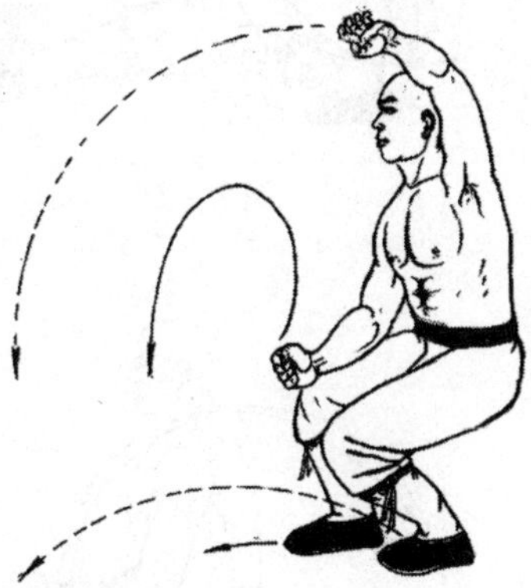

图 2－17

图 2－18

## 十、腾挪把

1. 右转 180 度，右脚倒退一步，仍成弯套弯步。同时，双拳上提至左肩上方，然后劈下。(图 2－19)

2. 左脚前上一步，右腿勾脚提起；两拳上提至右肩上，如锄地状。(图 2－20)

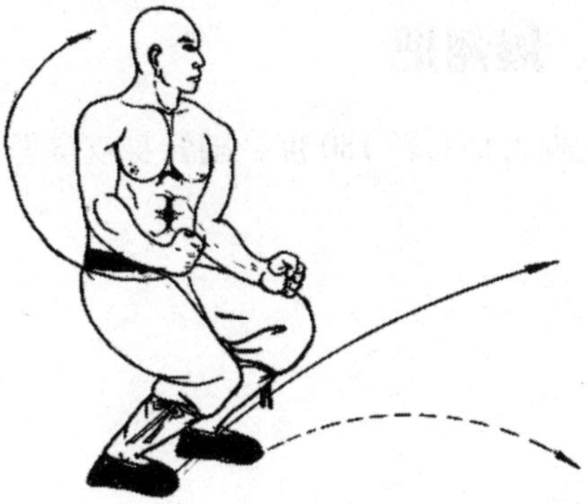

图 2－19

图 2－20

3. 右脚跺地，左脚前伸，脚尖勾起，上体直落；两拳随之劈下，左拳于裆前右脚内侧，拳面向下；右手成掌，置于右臀后侧，掌心向下。（图2－21）

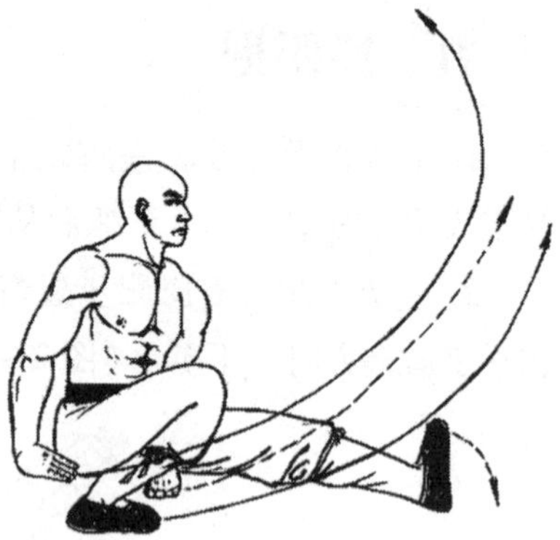

图2－21

4. 左脚掌着地，重心前移，身体由左腿支撑站起，右脚勾脚提起，随起身双拳由下向上提打，右拳高于头顶，左拳平于胸，目视前方。（图2－22）

5. 右脚向前落地，左脚跟步，蹲身成弯套弯步，双拳随之劈下。（图2－23）

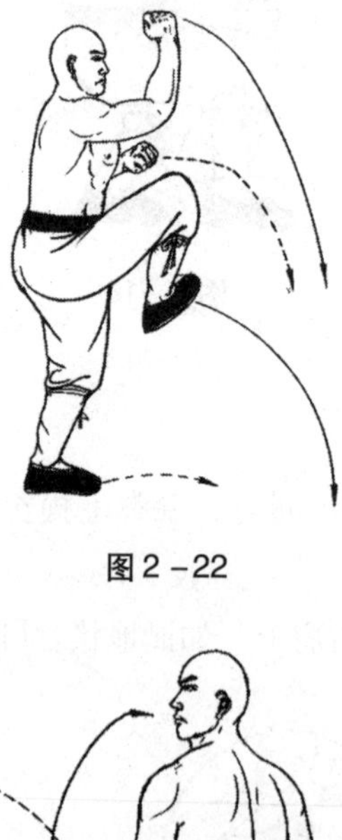

图2－22

图2－23

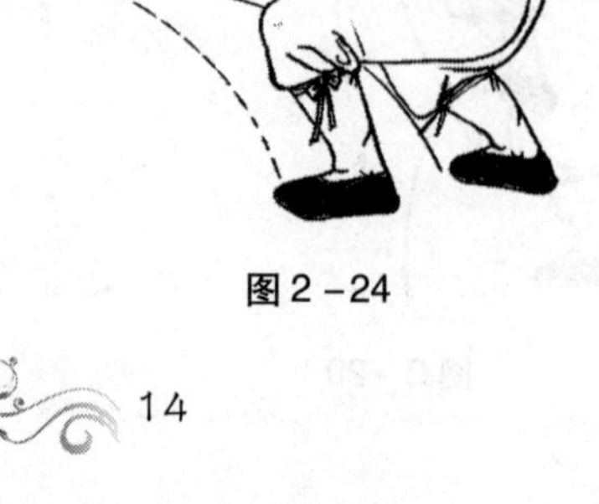

图2－24

## 十一、展翅把

1. 以左脚为轴右转180度，随转身双拳劈下。（图2－24）

2. 左脚点地，身体纵起，双拳变掌在胸前交叉后向两面分拨。落地后成并步，左拳在膝前击右掌。（图 2－25、图 2－26）

图 2－25

图 2－26

## 十二、推苍把

1. 左脚后退一步成左弓步；两手成掌向右、向上、向下画弧，收至胸前时握拳屈肘，拳心向里；头右转，目视右侧前方（图 2－27）。

2. 左脚蹬地成右弓步，双拳向左下画弧至小腹前时，变掌向右前上推掌，掌心向上，右掌在前，左掌置于右前臂内侧。（图 2－28）

图 2－27

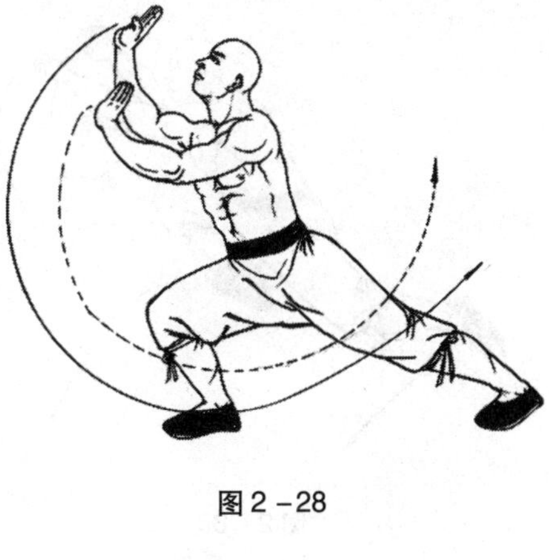

图 2－28

## 十三、虎扑把

1. 上体左转 180 度，右腿屈膝下蹲，左腿伸直，脚尖勾起，脚跟着地；双掌随转身由上往下抓，然后屈臂立掌于两膝上方，左掌高与肩平；右掌护于左上臂内侧，掌尖均向上。（图 2－29）

2. 身体蹿起，两虎爪前抓。（图 2－30）

3. 身体下落，左腿屈膝前弓，右膝跪地；两虎爪下抓至与下颌平，爪心向前。（图 2－31）

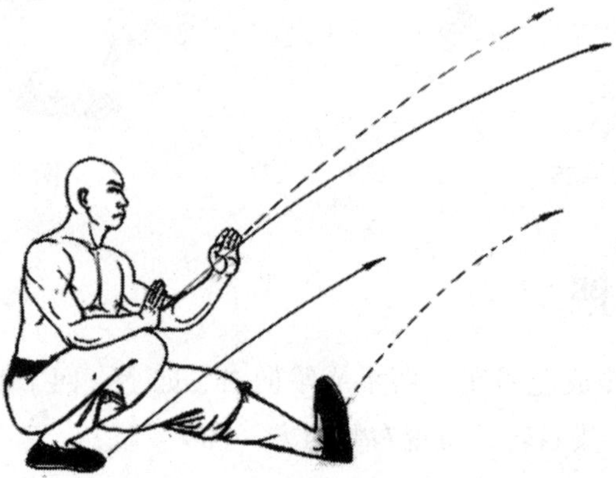

图 2－29

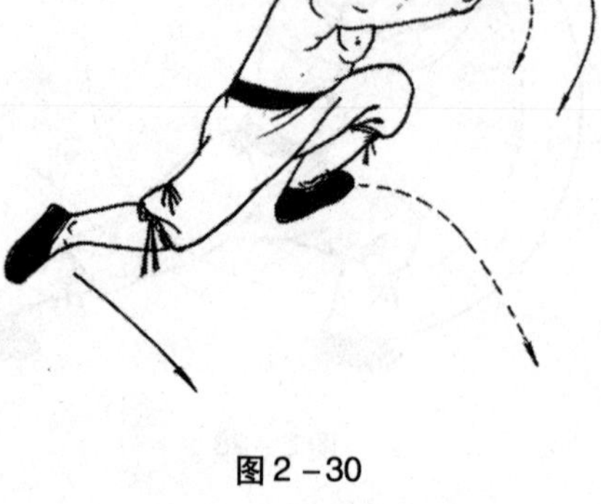

图 2－30

图 2－31

## 十四、收　势

1. 右转 180 度，左腿勾脚抬起；右拳上提置于胸前，拳心向下；左拳上提置于左耳侧，拳眼向下。（图 2－32）

2. 左脚落地；双拳劈下，左拳收于右腹侧，拳心向上；右拳劈至右大腿外侧，拳面向下，拳眼向前；目视前方。（图 2－33）

3. 起身左转，右脚落于左脚内侧，并步正身直立；两手成掌放下，自然垂于体侧；自然呼吸；目视正前方。（图 2－34）

图 2－32

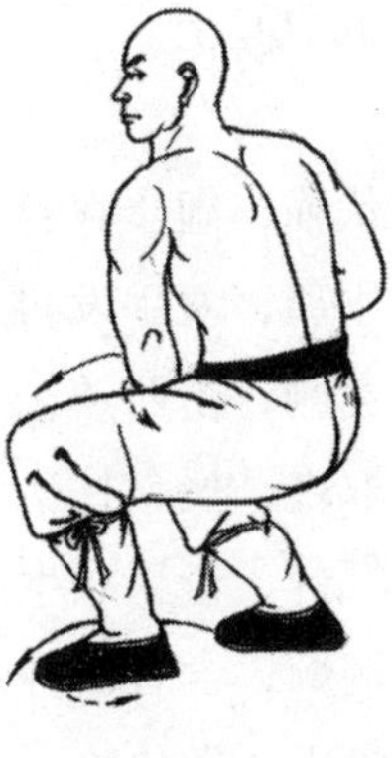

图 2－33

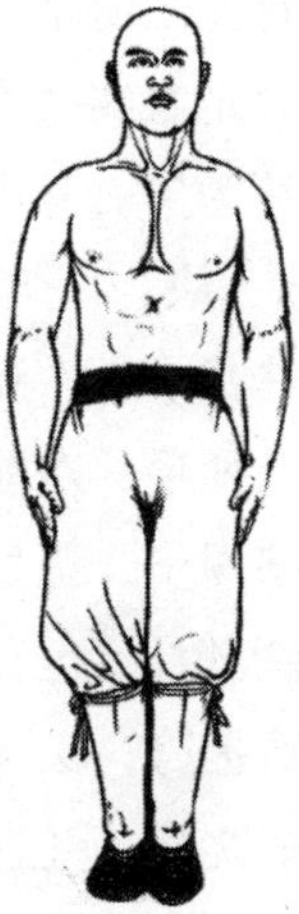

图 2－34

# 第三章　少林虎扑把

虎扑把，少林秘传名把之一。

虎扑把的拳势要则：“囚其身，如伏猫之扑鼠；抖其身，如饿虎之扑食；行其步，如神龙之游空；动其势，如闪电之神速；发其声，如怒雷之大作。”

虎扑把之实战要则：“声东击西，指上打下，虚实并举。以气为君，以力为主，以捷为贵。身高取其下，身低取其上。”

**【歌　诀】**

叠住身子，右腿下蹲。敛如伏猫，虚步存身。

上肢两手，左前右后。膝胯不离，双手发抖。

十字闯步，犹如龙行。变化莫测，击西声东。

云蔽日月，运我五行，妙术取之，擒拿柱送。

砸肩提胯，头颈要领。阴阳气合，奇正相生。

虎视眈眈，气息沉沉。目光炯炯，含有威神。

饿虎扑食，纵身轻进。气吐丹田，发放哈声。

**【基　础】**

**1. 手　形**

拇指与食指稍微叉开，食指、中指微屈，无名指、小指弯曲，手形成虎爪状。（图 3－1）

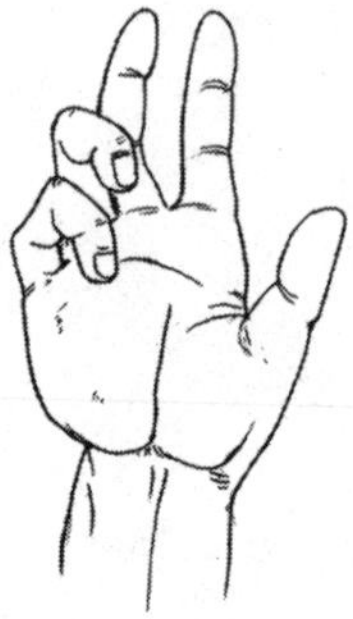

图 3－1

**2. 手　法**

出掌时要滚出滚入，即每次出掌开始掌心向里（胸部），慢慢过渡到掌心向外推出。

**3. 步　法**

走步时，左脚起步要先向右脚靠近再向左前侧迈出画半弧形。右脚起步时，要先向左脚靠近，再向右前侧迈出画半弧形。（图 3－2）

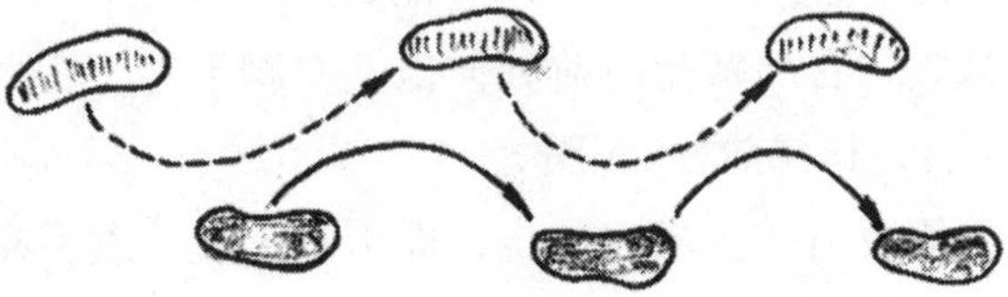

图 3－2

**4. 路　线**

整套虎扑把走起来的路线是一个椭圆形，起势和收势在一个位置上。

**【练　法】**

## 一、虎　视

1. 两脚成八字步，正身直立（面南背北），双手自然垂于体侧，目视前方。（图 3－3）

2. 头、身向左侧微转；目光生威，向左侧方平视；双肘微屈；左手向身的左侧方伸出，屈指成虎爪，爪心向上；右手向身的右侧方旋拉，掌心向下成虎爪掌，掌高与腹部平齐。（图 3－4）

3. 上肢不动；左脚向左侧迈出半步，左腿微屈，脚跟提起，脚尖点地，右脚掌全部着地，右腿弯曲，身下蹲，成左虚步；目光左右寻视，发出吼声。（图 3－5）

图 3－3

图 3－4

图 3－5

## 二、虎　行

1. 双虎爪掌不变，左手在身前领劲成爪心向下，右手在身后蓄劲；同时，左脚向左前方迈出一步成左弓步；目视前方。(图 3 –6)

2. 左爪向身后微收，右爪领劲向前方伸出，左脚不动，右脚向前迈出一步成右弓步，上身保持正直，目视前方。(图 3 –7)

3. 左脚向左前外侧迈出一步成左弓步，虎爪掌不变，左手在身前，右手微收在身后。当左脚迈出的同时，右脚跟碾地，右脚尖向左侧微转。头正，上身直，目视前方。(图 3 –8)

4. 虎爪掌不变，左爪收回在身后，右手伸出在身前，左脚不动，右脚向右前外侧迈出一步成右弓步，头正身直，目视前方。(图 3 –9)

图 3 –6

图 3 –7

图 3 –8

图 3 –9

注意，以上的动作不变，先左弓步，再右弓步，连续走6步（左3步右3步）后，再进入下势。

## 三、虚 势

身向左侧转，在转的同时，双爪变拳，屈肘握拳，拳心向下，左拳置于身左侧，右拳置于腹部左侧，左腿蹲立，右腿由左弓步收回和左脚靠拢，脚尖虚点地面成右丁步，目视右侧前方。（图3－10）

## 四、挂 把

右脚由右丁步向身体右侧迈出一步成右弓步；双臂伸直，双拳拳心向下，右拳在上，左拳在下，向右前方挑打，拳高与腹部齐；目视右前方。（图3－11）

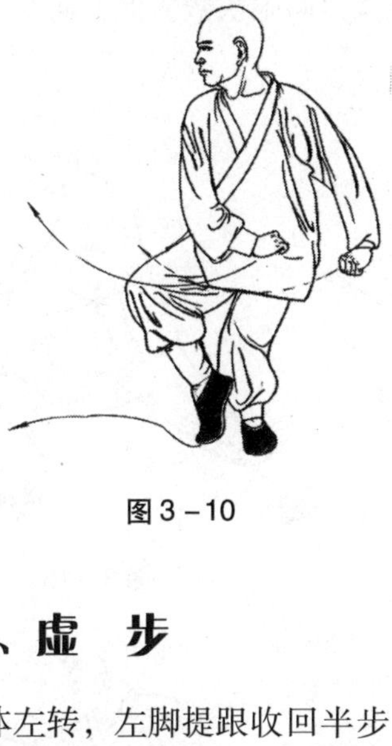

图3－10

图3－11

## 五、虚 步

身体左转，左脚提跟收回半步，同时，右脚跟碾地，脚尖微跷向左转，重心落于右腿，身下蹲成左虚步。在转身的同时，双手均由下向上相互交叉各画一小圈，成虎爪掌，左爪在前高与膝平，爪心向上；右爪在后高与胯平，爪心向下。目视前方。（图3－12）

图3－12

## 六、虎　扑

1. 左脚原地不动，左腿直立，右腿提膝。双爪不变，在提右膝的同时，左手由下向上画一小圈，肘微屈，掌置于身体左侧，高与腰齐；右爪由下向上，右臂伸直，高与腰齐，虎口向外，爪心向前。目视前方。（图 3－13）

2. 右脚向前落步，脚掌着地，右腿直立；左腿提膝。在提左膝的同时，右掌由身前撤向身后，屈肘置于身体右侧，高与腰齐，爪心向下；左爪由身的左侧下方向前上方伸出，臂伸直，高与腰齐，虎口向外，爪心向前；目视前方。（图 3－14）

3. 左脚由提膝动作向前落地，成左弓步。在左脚迈出的同时，左爪在身体左侧的前方由下向上划；右爪在身右侧的前方由下向上划。双爪掌棱相对，掌根吐力，向前方直推，高与腹平齐，目视前方。（图 3－15）

以上动作不变，连续练习 3 次以上，据自身体力而限次数，但方向要一致。

图 3－13

图 3－14

图 3－15

## 七、封　喉

右脚不动，左脚提起又着地，仍成左弓步。在左脚提起的同时，左手由下向上变抢掌，掌心向上，指尖吐力，掌伸出高与喉平；右臂屈肘，右手由掌变拳，拳心向上，收回置于腰间。目视前方。（图 3－16）

图 3－16

## 八、飞　脚

左脚震地，随之伸膝直立，右脚向前上方高踢与喉平。在右脚向前上方高踢的同时，左掌变拳屈肘收回，拳心向上，置于腰间；右手由拳变掌，向前方伸击，高与喉平。目视前方。（图 3－17）

## 九、虚　步

右脚收回，向后倒撤半步着地，左脚脚掌贴地前移，身下蹲成左虚步；在右脚后撤的同时，右掌变握拳，屈肘收回，拳心向上置于腰间；左手由拳变立掌向前方推出，掌高与眼平；目视前方。（图 3－18）

图 3－17

图 3－18

## 十、翻身截把

1. 左腿伸膝直立，右腿提膝，体向左转 90 度。左手变拳，拳心向后，置于体左侧；右手仍握拳，拳心向下，置于胸前。目视前方。（图 3－19）

2. 身体继续向左转，至面向西方，仍左腿直立，右腿提膝；左拳拳心向下，置于左裆部前侧；右拳拳心向里，拳面向上置于眉前方；目视右拳。（图 3－20）

3. 右脚向下落，脚尖着地，脚跟提起，沉身下蹲。同时，右拳下砸于右膝的外侧，拳面向下；左拳收于右上臂内侧。目视右前下方。（图 3－21）

图 3 –19

图 3 –20

图 3 –21

## 十一、虚　步

右转体 90 度，右腿向右后方撤半步，左腿向右前方迈出半步，屈膝沉身，成左半马步。同时，右拳由下向上画一圈后，收置于腰间，拳心向上；左拳变掌从胸前推出，高与胸平齐，掌尖向上。目视前方。（图 3 –22）

## 十二、收　势

左转，右脚收于左脚内侧，成八字步正身直立，双掌放下自然垂于体侧，自然呼吸，目视正南方。（图 3 –23）

图 3 –22

图 3 –23

# 第四章　少林闪战移身把

闪战移身把，由少林武僧模仿猿之三闪六躲特性创编而成，是少林把拳中最为灵活巧妙的技法，练好了能够以软克硬，以弱胜强。

闪战移身，顾名思义，就是面对强敌的大力猛势，先不与之硬抗，而是积极地运用灵活机动的身法、步法、招法，腾挪躲避，吞吐浮沉，然后乘敌之势，见缝插针，后发制人。

**【歌　诀】**

闪战移身最出奇，战斗之中数妙技。
六六计谋它为上，贵乎善用消敌力。
敌若猛来直冲象，忧忽难防把身移。
闪其势来懈其力，乘机而入打得疾。
避实就虚动度小，力点角度向转移。
步法走的是边门，左右均可把身栖。
腰腿身段扁半面，二尖相照奇中奇。
疾速机灵阴阳气，上压下提内外一。
眼手身腰腿顺随，一气呵成迅雷激。
不与来势相顶撞，四两可拨千斤力。

**【练　法】**

## 一、左　闪

1. 两脚跟相并，脚尖外展成八字步，正身直立，两掌自然垂于体侧，呼吸自然，目视前方。（图 4－1）

图 4－1

2. 右脚向后退一步，屈膝下蹲，左脚尖点地成左虚步。同时，左掌向前抬起，高与颌平；右掌护于左肘内侧下，成

双排手迎敌势。(图4－2)

3. 左脚向左侧方闪跨一大步，上身向左偏；同时，左掌向左侧上方画弧屈立，掌心向上；右掌向左下划护于左膝内侧，掌心向下；目视前方。(图4－3)

4. 动作不停，右脚向左脚内侧收拢，一碰左脚内侧即向前踏出半步成右虚步，两手不变。(图4－4)

图4－2

图4－3

图4－4

## 二、右 闪

1. 右脚向前迈出一步，成右弓步；同时，右掌向前上翻出，掌尖向前；左掌下划，护于右大臂下方，掌心向下；目视前方。(图4－5)

2. 缩身，右脚后收，当右脚收至左脚跟之际，迅速向右侧方摆跨一大步，上身向右偏闪，下盘成右横裆步势。同时，右手收置于右腰侧，掌心向上；左掌向右横划成托掌势于右侧前方，高与颌平，掌心向上；目视前方。(图4－6)

3. 左脚弧形收至右脚内侧之际，迅速向前方上步，重心落于右腿，左脚虚点地面成左虚步；同时，左掌内旋前推，虎口向下，掌尖向右，高与颌平；右掌护于左肘弯内侧；目视前方。(图4－7)

图4－5

图 4－6

图 4－7

## 三、后　闪

左脚向后收退一步，随之向左侧闪步，上身下沉，缩身藏形，右膝屈跪于左脚内侧。两掌随向后缩身下划，左掌按于左膝前，掌心向下；右掌按于右膝前方，掌尖向前，掌心向下。缩颈昂头，目视前方。（图 4－8）

图 4－8

## 四、绕　转

1. 右脚向左脚内收，至左脚尖之际，迅速向前方上一大步，成右弓步。同时，右掌向前方翻出，掌心向上，高与头平；左掌护于右肘下方，掌心向下，掌尖向右。目视前方。（图 4－9）

2. 右脚退步于左脚内侧，左脚迅速经右脚前绕步向右侧方，两腿交叉成扭步。同时，右掌下按，护于左肘下方；左掌上穿举于前方，掌心向上如托物状。目视前方。（图 4－10）

3. 右脚向右侧后方收退一步，屈膝下蹲，随之左脚收步于右脚内侧，脚尖点地，成左丁步。同时，左掌下落，成双排手迎敌势。（图 4－11）

图 4 –9

图 4 –10

图 4 –11

## 五、猿　蹲

1. 左脚向后方退步，并弧形左闪跨一步，随之，右脚收退成脚尖点地。同时，左掌屈举于左耳侧，掌心向上；右掌向右下大腿外侧下划拦，掌尖向下，掌心向后。目视右下方。（图 4 –12）

2. 右脚向左脚内侧收步，然后向左前上步，上体下沉屈蹲成右虚步。同时，左掌按下于右肩前，右掌向右小腿前方伸出成吊手。目视前方。（图 4 –13）

图 4 –12

图 4 –13

## 六、收　势

1. 右脚前移半步，成右弓步，同时，右掌向前上划，左掌下按护于右肘下方，成迎敌势。(图 4－14)

2. 左脚上步于右脚内侧，并步正身直立，两掌下按于腹前两侧，平心静气，呼吸自然，目视前方。(图 4－15)

图 4－14

图 4－15

# 第五章 少林沾衣十八跌

少林沾衣十八跌，源于少林罗汉拳十八势沾衣功，是少林派的上乘秘技，有着自己独特的技法特点和实战效果，它既可以“大力跌人”，又可以“引进落空”，还可以“发人致远”。

跌法诀云：“手到脚不到，鬼也打不到；手到脚也到，神仙也跌倒。”跌法要记七字：粘、闪、整、随、快、准、狠。在实战搏击中，要想很好地用好跌法，必须善抓战机，消打并举，牵逼锁靠，发劲跌敌。

## 一、斜步单鞭

**【用　法】**

1. 敌我对峙。(图 5－1)

2. 敌方右脚前移步，左脚上步用左拳向我方胸部打来。我速用右前臂向左下弧形沉挂敌左腕。(图 5－2)

图 5－1

3. 我方左手向下挂击敌方左肘弯，右脚上步于敌方左腿外侧后方，用大腿内侧顶住敌右大腿后侧，同时，右手一抖即转，回手用拳背、前臂向敌方面部、颈部鞭出。（图 5－3）

4. 上下合劲，将敌向后跌出。（图 5－4）

**【要　点】**

沉挂敌肘要及时。斜步单鞭要上下同时发劲。

图 5－2

图 5－3

图 5－4

## 二、玉女穿梭

【用　法】

1. 敌我对峙。(同图 5－1)

2. 我方左脚前移步，右脚上步逼进敌方裆前，右拳击打敌方面部。敌退右步，右手上拦，格住我方右前臂内侧。(图 5－5)

图 5－5

3. 敌方右手一格之际，弹手击打我方面部。我方左手从下向外将敌手臂挑开。(图 5－6)

4. 动作不停，我方上左步套住敌右脚跟，同时，双掌向敌胸部抖击，使敌向后跌出。(图 5－7)

【要　点】

挑臂要及时，掌击要发抖寸劲。

图 5－6

图 5－7

## 三、亮翅弹肘

图 5－8

【用　法】

1. 敌我对峙。(同图 5－1)

2. 敌方左进步之际，右脚上前一步，右拳向我方心口击打。我方左收步，右脚向右侧闪跨步，偏身避过敌拳。(图 5－8)

图 5－9

3. 我方左手反拍将敌右拳格开。(图 5－9)

4. 随即滑步进身，用左脚插入敌右脚内逼住，小腿外绷打动敌桩步，同时左肘弹击敌胸部，使敌向后倾跌。(图 5－10)

【要　点】

格挡、上步、肘弹要连贯，要用整劲。

图 5－10

## 四、拧腰砸臂

【用 法】

1. 敌我对峙。

2. 敌方左进步，前上右步，用左拳向我面部击来。我方迅速甩腰右闪，左手反格敌左臂外侧。（图5－11）

图5－11

3. 随即，我方拧身上右步，至敌右侧身后。（图5－12）

4. 借敌方前冲之劲，我方双臂向左下砸打敌后背，上下合劲，将敌跌翻。（图5－13）

【要 点】

闪腰进身要快，双臂下砸有力。

图5－12

图5－13

## 五、勾腿拍背

【用　法】

1. 敌我对峙。

2. 敌左进步，右脚上步，用右掌由上而下劈击我方头部。我方速起右手臂上迎，格住敌方右腕外侧。（图 5－14）

3. 我方一旦粘接住敌腕，即向右后下捋带，使敌身前倾失势，同时，起左脚拦住敌方右小腿。（图 5－15）

4. 我方右手牵带，左前臂助力使敌前扑，同时，用左掌拍打其后背，手脚合劲，使敌向我方右侧跌出。（图 5－16）

图 5－14

图 5－15

图 5－16

【要　点】

粘接捋带要及时有力，腰、腿、手要活，轻灵无滞，方可奏效。

## 六、腹力掀跌

**【用　法】**

1. 敌我对峙。

2. 敌方左脚突然进步，随之起右脚向我方腹部蹬来。我方如来不及化解，而腹部又有相当功夫时，即可以腹部直接承接之。承接时身要松，随势缩身收腹以缓其来势。（图 5 – 17）

3. 随即，我方丹田贯气，“哈”地一声发力，以腹力将敌脚震开。（图 5 – 18）

4. 右手向前掀抖敌右脚跟，使之仰跌。（图 5 – 19）

图 5 – 17

图 5 – 18

图 5 – 19

【要　点】

随势缩身收腹要及时，丹田贯气要快，掀跌要有力。

## 七、野马撞槽

【用　法】

1. 敌我对峙。

2. 敌方左脚进步，右脚上步，用右拳击打我方胸部。我方速退左脚一步，用左手从上往下按压敌右臂。（图 5 –20）

3. 随即上右脚，落于敌右腿后，左手顺势压住敌右腕向外格开，右手、臂、肩一齐撞击敌中线，使敌向后倾跌。（图 5 –21、图 5 –22）

图 5 –20

【要　点】

发劲时左脚要往前跟，突发整劲。

图 5 –21

图 5 –22

## 八、缠腿旋跌

【用　法】

1. 敌我对峙。

2. 敌前移左步，右脚上步，右摆拳击打我方头部。我方不退反进，右脚上步，左臂上提拦格于敌方右肘内侧。(图 5－23)

图 5－23

3. 动作不停，我方左脚经敌方右小腿内侧绕过勾缠其右踝内侧，向上提起，同时，左手压住敌上身向左后侧反拧。(图 5－24)

4. 我方左脚猛向下沉劲，左旋身，使敌失重而向后跌出。(图 5－25)

【要　点】

缠勾与旋拧要同时发劲用力。

图 5－24

图 5－25

## 九、插裆套靠

【用　法】

1. 敌我对峙。

2. 敌方左前移步，突然以右脚斜身向我踹击。我方立即后缩身避其锋芒，同时，左臂向左将来腿格开，右手抓住其踝关节。(图 5－26)

图 5－26

3. 我方得势后，速向前滑步，左脚插入敌左脚踝外侧将其封别住。(图 5－27)

4. 我方借前进之势，整体前撞，将敌撞跌而出。(图 5－28)

【要　点】

格腿要及时，上步要快。上下要撞出整劲将敌放出。

图 5－27

图 5－28

# 十、搭肩踩腿

【用　法】

1. 敌我对峙。

2. 敌方左脚前移，右脚上步，用右拳击打我方面部。我方迅疾向后撤退左脚一步，左偏身，上扬右手拦格敌右前臂外侧。(图 5－29)

3. 动作不停，我方右脚收步，左手抓压敌方右前臂上侧，同时，左脚上步于敌方右脚跟后侧，右手前伸反按敌方后背。(图 5－30)

4. 我方得机，左手捉住敌右臂下采，一采即转，右手合劲使敌右臂扭转。(图 5－31)

5. 我方用左脚踩踏敌右膝窝部，将其跌倒。(图 5－32)

图 5－29

图 5－30

图 5－31

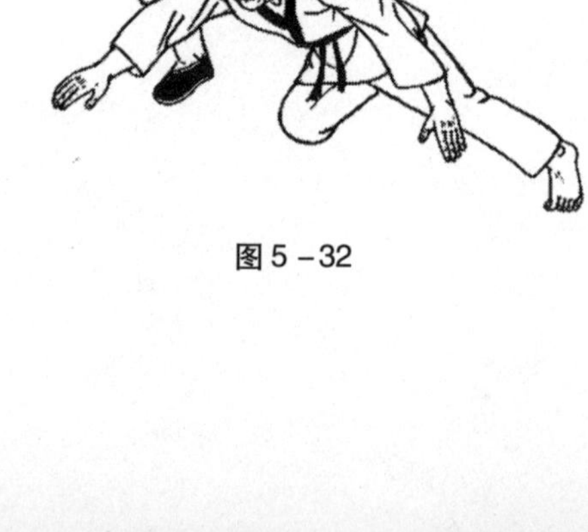

图 5－32

【要　点】

下采捋带要有力，踩踏敌右膝窝要准确、有力、快速。

## 十一、搬拦靠跌

【用　法】

1. 敌我对峙。

2. 敌右脚进步，左脚上步，用左直拳向我头部击来。我方左脚向后撤退一步，左旋转体偏身之际，左手由上向下拦截敌方左腕外侧。（图 5－33）

图 5－33

3. 我方左手屈指抓住敌左手腕，上体左旋，右臂屈肘裹击敌左肘部。（图 5－34）

4. 动作不停，右拳绕过敌方左腋下，向前以搬劲击敌之面部或颈部，右肩以靠劲法靠撞敌胸部，一齐发劲，将敌跌出。（图 5－35）

图 5－34

图 5－35

【要　点】

裹臂格击敌肘臂和击其面部时，动作要果断迅速干脆利落。上步、顶、绊，手脚相互配合。

## 十二、擒腕捶肘

【用 法】

1. 敌我对峙。

2. 敌方左脚前移步，随之右脚上步，用右直拳击我头部。我方两脚迅速交换步，右手由下而上抓其右手腕。(图5－36)

3. 随即，左脚上步，右手抓住敌方右腕向后牵带，以左拳背由上向下捶击敌右肘关节。(图5－37)

图5－36

图5－37

4. 我方再以左腿绊扣住敌左腿，并顶压其右腿，两力作用使其跪跌。可连起左脚踏踢敌腰，将敌重创。(图5－38)

【要 点】

在连续打击时，出拳和蹬腿都应稳固自己的重心，身体稍下沉。打击要猛要狠，不给敌方还手之机。

图5－38

## 十三、叼腕砸肘

**【用　法】**

1. 敌我对峙。

2. 敌右脚前移步之际，左脚上步，右直拳击向我面部。我即撤身以避，同时，出右手向上拦截其手，并迅速翻腕叼抓其腕向右下方拽带。(图5－39)

图5－39

3. 随即，我方出左手由上而下搬拦砸敌手肘。(图5－40)

4. 再提左脚向前、向下踩踏敌右髋关节，使其受击扑跌。(图5－41)

**【要　点】**

整个动作要连贯一致，相互配合。反手叼抓要准而快，拽劲要突然，搬拦砸压要狠而沉劲，踩踏脚要猛而有力。

图5－40

图5－41

## 十四、砸捶撇击

**【用　法】**

1. 敌我对峙。

2. 敌方左脚前移步，随之右脚上步，右拳击向我方面部。我方迅疾撤退左脚一步，左手由上向下叼抓敌右手腕。(图 5－42)

图 5－42

3. 随之，右拳向下捶击敌手臂。(图 5－43)

4. 动作不停，我方右脚撤步，随之上左脚绊住敌方右脚跟，右拳向上、向右顺敌右手臂用撇捶打击敌方面部，将其打倒。(图 5－44)

**【要　点】**

下砸捶应随身体下沉而发动，迫使敌方重心倾斜，后迅速变招顺劲撇击。

图 5－43

图 5－44

## 十五、捶肘踏压

【用 法】

1. 敌我对峙。

2. 敌方左脚前移步，随之右脚上步，右拳向我头部击来。我方左脚向左侧摆步，右手从下向上用掌背反格敌方右前臂外侧。（图5－45）

3. 我方右手顺着敌臂旋指抓其右手腕，迅速扭拧翻转，左掌按压其右肘，使之被扭而转身，以背对我。我方再出左拳打击敌方肩关节。（图5－46）

图5－45

图5－46

4. 动作不停，起左脚踩踏于敌方右髋关节，猛劲一蹬，使敌跪跌扑出。（图5－47）

【要 点】

动作要协调、灵敏、反应快速。

图5－47

## 十六、勾踢踹跌

【用 法】

1. 敌我对峙。

2. 敌方左脚前移步，随之右脚上步，出右拳击打我方面部。我方迅疾后撤左脚一步，左偏身避其锋芒之际，右手上扬，阻截敌右前臂外侧。（图 5－48）

3. 我方上体右转，左拳猛地上架拦格敌右前臂内侧，将敌右臂弹开之际，顺势左脚脚尖上跷，向前、向上勾踢敌方右脚跟。（图 5－49）

图 5－48

图 5－49

4. 敌方失重仰身之际，我方顺势再用左脚踹击敌方左小腿膝弯内侧，使其受到重创而向外跌出。（图 5－50）

【要 点】

格阻、上挑弹击要迅速力猛，勾踢绊腿时重心要稳，攻击目标要准。

图 5－50

## 十七、拦切拽带

【用　法】

1. 敌我对峙。

2. 敌方左脚前移步，随之右脚上步，右拳击打我方面部。我方不退反进，右脚上步成盖步，上身左偏，右掌格推敌右前臂外侧。(图 5－51)

3. 右手扣指抓住敌右腕，向右侧下牵带之际，两脚交换步，上体右转，同时，左上臂旋滚撞敌方右上臂。(图 5－52)

图 5－51

图 5－52

4. 右手拽带，左臂拦切，一齐发劲右旋，将敌方旋拉跌扑而出。(图 5－53)

【要　点】

出手要迅速，进身沉劲，带制敌方。如果行动迟缓敌易生变。

图 5－53

## 十八、截拿绊扣

**【用　法】**

1. 敌我对峙。

2. 敌方右脚前移步，随之左脚上步进身，左拳击打我方面部。我方略收左步，右脚向右前侧方闪进步，同时，右手向上拦截敌手腕。（图 5－54）

图 5－54

3. 我方右手屈指扣住敌方左腕，左手同时配合抓其左臂，迅速身体左转，左脚撤步，右脚插步于敌左腿内侧绊扣。（图 5－55）

4. 身体前倾下沉，两手抓拿敌腕臂不放，猛然随转体而向左下方直臂栽伸。手脚同时用劲，使敌受拽带而前扑于地。（图 5－56）

**【要　点】**

刚一出手抓拿，就迅速俯身旋拽，带动敌手，快速沉劲。两脚固身，擒手摔击。

图 5－55

图 5－56

# 第六章　少林靠身擒打

少林靠身擒打，是少林传统技击术之一。它见机近身，先擒后击，招法独特。

因为此技要先用爪法抓控，所以具备三大优点：一可通过抓擒造势，便于乘机打击；二可在打敌时，使其不能逃脱；三可使爪力与拳脚相合，增加杀伤力。

## 一、头撞金钟

**【用　法】**

1. 敌我对峙。（图6－1）

2. 敌方向我扑来，用双拳向我方头部夹击。我方双手上挑，用两前臂外侧格住敌方两前臂内侧。（图6－2）

图6－1

3. 我方两手外勾腕，扒住敌方两前臂向下拽拉，同时，头部前撞敌方鼻部。（图6－3、图6－4）

图6－2

图6－3

图6－4

**【要　点】**

1. 上挑双手要从中间向上、向两侧分开格住敌臂，一格即扒。

2. 头撞时，是借助敌方上体前扑的惯性迎上去的。人体的头顶和前额是比较坚硬的部位，而鼻子是最弱的，一碰即伤。

3. 头前撞的时候，特别要注意敌方提膝反击。所以，头一撞出，两手就要做好推敌的准备，两掌齐推，致敌远跌为佳。

## 二、拿肩提膝

【用　法】

1. 敌我对峙。

2. 敌方左脚上步，用右摆拳击打我方头部。我方用左手上拦，顺势抓握其右前臂。(图6－5)

3. 右手前伸，经敌方右肩上侧穿过，按住其后颈。(图6－6)

4. 右手按住敌方后颈部下压，同时，右膝上提，击打敌方胸部。(图6－7)

图6－5

图6－6

图6－7

【要　点】

1. 截手、前穿手按压敌方颈部要同时进行。

2. 提膝迅猛、快捷，与右手下压之劲配合完成。

## 三、撞肘击肋

【用　法】

1. 敌我对峙。

2. 敌方上进左步，右摆拳击打我方头部。我方左手上拦，顺势抓住其右前臂。（图6－8）

3. 右脚上步于敌方裆前，左手拽住敌方右臂向左后侧牵带，右肘撞击敌方右肋部，重创敌人。（图6－9、图6－10）

图6－8

图6－9

图6－10

图6－11

【要　点】

1. 肋部属于人体最脆弱的部位，一经肘击，敌必受重创。

2. 抓腕、拽拉，与上步肘击要一气呵成。

## 四、肩　打

【用　法】

1. 敌我对峙。

2. 敌方上进左脚，用右勾拳击打我方腹部。

我方左掌下按敌右腕部，将其攻击格挡开。（图 6－11）

3. 右脚迅速上步于敌方右腿后侧，绊住敌方下盘，同时，用右肩撞击敌方右胸部，发抖劲将敌撞跌而出。（图 6－12、图 6－13）

【要　点】

1. 右脚上边门绊锁敌腿相当重要，是使用肩打的前提条件。

2. 进身要快速，严防敌方的左拳出击。上步绊锁要螺旋发劲。

图 6－12

图 6－13

## 五、胯　打

【用　法】

1. 敌我对峙。

2. 敌方左脚上步，同时用右腿横踢我方头部。我方右掌前推，阻住敌方右小腿前胫，左前臂迅疾兜住敌右小腿踝关节部，将敌方右腿接住。（图 6－14）

图 6－14

3. 我方迅速上进右脚一步，绊于敌方左脚后跟内侧。（图 6－15）

4. 上步的同时，右胯一挪，向前冲力，将敌方摺出。（图 6－16）

图6－15

图6－16

【要　点】

1. 胯打之法，必须要进上身去，以胯贴近敌方的裆、胯发力冲撞或旋弹。

2. 接敌腿与上步几乎要在同时完成，严防敌方双手搂抱我头颈而影响发力。

## 六、直捣黄龙

【用　法】

1. 敌我对峙。

2. 敌方上进左步，右拳冲击我方面部。我方左手上拦，格住敌方右前臂内侧向外推开。（图6－17）

3. 右拳随即冲出，击打敌方鼻梁。（图6－18）

图6－17

图6－18

【要　点】

1. 拦手和冲拳要同时完成，防守与出击是紧密配合的。

2. 出拳击打时，要拿准时机，突然迎击，一击即中不可让敌逃掉。

## 七、小鬼扳桩

【用　法】

1. 敌我对峙。

2. 敌方右脚前移步之际，提起左脚踹向我方头部。我方迅速沉身下潜，前移步避过敌腿的攻击。（图 6 – 19）

3. 我方一近身就用双手抱住敌方右腿，左肩前抵，使敌方失衡倒地。（图 6 – 20、图 6 – 21）

图 6 – 19

图 6 – 20

图 6 – 21

【要　点】

1. 下蹲潜身敏捷，近身要快；抱腿前抵要猛。

2. 如果动作稍缓，敌左腿收过来就容易踢伤我方头部。

## 八、推山倒海

【用　法】

1. 敌我对峙。

2. 敌方上右步，用右拳向我方胸部击来。我方左手推开其拳，迅速上进右脚一步，下潜身，用双手抱住敌方的双腿膝关节部位。(图6－22)

3. 双手抱住敌方双腿迅速上提，使敌方倒地。(图6－23)

图6－22

图6－23

【要　点】

1. 潜身抱敌双腿前，可先佯攻敌方面部，使敌方下盘失防，我方迅速抱敌腿掀翻之。

2. 敌方一旦倒地，我方即可任意出拳、出腿狠击。

## 九、回头望月

【用　法】

1. 敌我对峙。

2. 敌方从我方背后突然跃步向我扑来。我方迅速左转身，左脚收于右脚内侧、直身（暂时背对敌方），避过敌方的扑击。(图6－24)

3. 敌方见我背对于他，迅猛扑上用双臂抱我头颈部。我方迅速下蹲身，左手上划托举敌方右腕，上身右转，右脚上步于敌方裆前，右拳直击敌方裆部。（图6－25）

图6－24

图6－25

【要　点】

1. 转身给敌方造成一个空位，背对诱其来攻时，要注意敌方下一势的攻击手段。

2. 蹲身上举左手，一可以护住头部；二可以使敌方的手臂抬高。右拳击裆快而准。

## 十、稽首作礼

【用　法】

1. 敌我对峙。

2. 敌方右脚上步进身，用右掌劈击我方颈部；我收步偏身避让。敌方顺势右手抓住我方左肩。（图6－26）

3. 我方迅速上抬左手从外侧抓住敌方右手背，左前臂压住敌右前臂上侧。（图6－27）

4. 左手扳住敌右手掌旋转外翻，右手协助左手卡握住敌方右手掌向外拧。（图6－28）

5. 双手用力下撤，使敌方的掌、腕受制，被我擒拿。（图6－29）

图6－26

图6－27

图6－28

图6－29

【要　点】

1. 偏身避敌掌时，必须要上扬双手做防守动作，严防敌方变势发出连击。

2. 抓握敌右掌时，我方左掌必须牢牢顶住敌右手背，拇指推抵敌拇指内侧，余四指扣住敌右掌大鱼际，使敌右掌、腕成向外拧转状态。

## 十一、翼德舞枪

【用　法】

1. 敌我对峙。

2. 敌方左脚上进步，右拳向我方头部击来。我方先向右偏身闪躲，左手上拦

格住敌方右腕内侧。(图 6－30)

3. 左手扣指抓住敌方右腕，右脚向敌方右侧上步，左转身，低头钻过敌方右腋下。(图 6－31)

4. 右手向上与左手合握住敌右手腕，左脚向后撤步，双手拽着敌右腕向下，反其臂牵拉至敌方右臂侧后下方。(图 6－32)

5. 随即双手上提，将敌方右臂反拧高高举起，擒住敌方。(图 6－33)

图 6－30

图 6－31

图 6－32

图 6－33

**【要　点】**

1. 抓腕转身要贴着敌方的腋肋部，以防敌方另一手攻击。

2. 一旦转过身去，上提敌臂要迅速。

## 十二、黄龙翻身

**【用　法】**

1. 敌我对峙。

2. 敌方左垫步进身，右拳击打我方面部。我方左手上挡反格住敌方右腕内侧。(图 6－34)

3. 左手屈指扣抓住敌方右腕，随之，右手向上协助左手抓住敌右腕。(图 6－35)

4. 两手抓住敌方手腕之后，迅速从左向右旋转，同时，右转身 360 度，将敌方右臂向其肩上方扭转。(图 6－36)

5. 我方双手握住敌腕不松，绕着敌方的背后下拉，致使敌向后仰倒于地。(图 6－37)

图 6－34

图 6－35

图 6－36

图 6－37

【要　点】

1. 抓腕旋拧要用爆发劲，扭转的幅度尽量大一些，以便借力把敌方手臂反拧。

2. 若遇敌方力大者，虽抓住而拧不动，则可迅疾发出右势撩阴脚，踢击敌方裆部。

## 十三、雄鹰锁喉

【用　法】

1. 敌我对峙。

2. 敌方左脚上步进身，右拳击打我方面部。我方迅速上扬左手向外反格，并屈指抓握住敌方的右腕。（图 6－38）

3. 两脚交换步，右脚上步于敌方左脚内侧，同时，右手成鹰爪，伸臂卡向敌方的咽喉。（图 6－39）

4. 锁指紧扣敌喉，并向左推旋压，擒拿住敌方。（图 6－40）

图 6－38

图 6－39

图 6－40

【要　点】

1. 锁喉手不要一下将敌前颈全部卡住，应该扣住敌气管，或者卡锁一侧为好，这样用法，即使敌方颈粗脖壮，也会被阻住气管而窒息。

2. 锁住敌喉之际，须用推搡之劲，并向左下旋压，使敌方失去重心的平衡。

## 十四、老僧推磨

**【用　法】**

1. 敌我对峙。

2. 敌方左脚上步进身，左拳直击我方面部。我方略后仰身避其锋芒，同时，用左手反拦格阻敌方左腕外侧。（图 6 – 41）

3. 右脚向敌方左腿内侧上步，上身略左转。（图 6 – 42）

4. 右脚落步，左转体，左手抓住敌方左腕向左后侧拽拉，同时，右臂屈肘撞击敌方左上臂外侧。（图 6 – 43）

5. 压肘，将敌方压伏于地。（图 6 – 44）

图 6 – 41

图 6 – 42

图 6 – 43

图 6 – 44

【要　点】

1. 此招的成功点在于别住敌腿，加上旋转之动力，使敌方重心全失而扑出。

2. 右肘撞打要整重突发，一撞之下，即将身体的整个重量压在敌臂上进行旋转。

## 十五、灵蛇缠枝

【用　法】

1. 敌我对峙。

2. 在敌方扬右手欲上步攻击之际，我方左滑步，用左臂插向敌方右腋下。（图 6－45）

3. 左手迅速上挑，右手迅速向敌面前扬起。（图 6－46）

4. 右手顺势向敌方右肩后按下，抓住自己的左手腕。（图 6－47）

图 6－45

图 6－46

5. 动作不停，我方左肩担住敌方右臂，同时，两手攀住敌方的肩膀扣死下压，上体右转下俯，左肩撇其臂，将敌方压伏于地。（图 6－48）

图 6－47

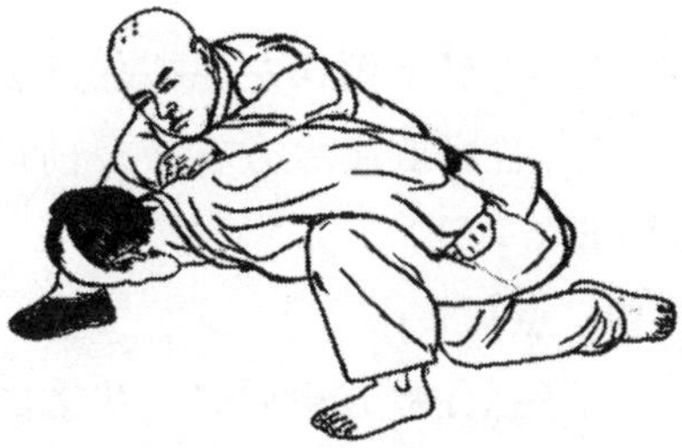

图 6－48

【要　点】

1. 出招要快，以免敌方抱缠，或其左手的攻击。

2. 锁臂旋压要将力量用在敌方的肩关节上，这样才能迫使敌方的身体前伏失重。

## 十六、周处擒龙

【用　法】

1. 敌我对峙。

2. 敌方左脚上步进身，右摆拳击打我方头部。我方左手迅速向上格于敌方右腕内侧。(图 6－49)

3. 我方左手顺势扣指抓握住敌方的右腕，随即右脚上步于敌方右脚外侧，同时，右手从敌方右腋下抄过，抓住敌方右肩。(图 6－50)

图 6－49

图 6－50

4. 上体左转下俯，左手抓住敌腕旋拧，配合右手下拉，右肩抵住敌方右腋及前肩，将敌扭翻于地。(图 6－51)

【要　点】

1. 右手抓住敌方肩后时，我方的右肩就要顺势发劲靠撞敌方右肩前，这样才能为左手拧转敌右腕制造条件。

图 6－51

2. 动作迅捷而连贯，中途不可有间隙停顿，要一气呵成地完成制敌动作。

## 十七、喜鹊登枝

【用 法】

1. 敌我对峙。

2. 敌方左垫步进身，右拳击打我方面部。我方上身后仰避其锋芒，同时，用双手接握住敌方右手拳与腕。(图 6－52)

3. 我方随即握住敌方拳、腕向左外侧旋转、上拧。(图 6－53)

4. 上体左转，同时提起右脚，贴近于敌方右膝关节外侧。(图6－54)

5. 随即，用脚底踩击敌方右膝外侧或腘窝，将敌控制住。(图6－55)

图 6－52

图 6－53

图 6－54

图 6－55

【要　点】

1. 接抓敌腕可虚可实，目的在于踩击敌膝关节。

2. 踩脚力量要用爆发的震动劲，方可给敌膝关节重创。

## 十八、反折杨柳

【用　法】

1. 敌我对峙。

2. 敌方左垫步进身，右掌向我方头顶拍下；我方双手上抬托住敌方右腕与前臂。（图6－56）

3. 随即向左外侧旋拧。（图6－57）

4. 两脚上步，潜身左旋转体，在敌方背后将其手臂旋转扭折。（图6－58）

图6－56

【要　点】

在敌身前旋拧其臂肘，敌很易变招或逃脱；而我配合上步与潜身至敌背后，则可折臂擒拿，一招绝之。

图6－57

图6－58

## 十九、乌鸦扑地

【用 法】

1. 敌我对峙。

2. 敌方左垫步进身，右拳向我方面部击来。我方抬身向右偏，在敌方右拳击空的刹那，我方进身贴近，左臂穿过敌方右腋下，将其右臂担在我方左肩上。（图6－59）

3. 动作不停，我方左手从敌方身后上抬按住其右肩，右手迅速按在自己左手背上。（图6－60）

图6－59

图6－60

4. 上体右转，双手合力下压敌方右肩，将其压扑于地。（图6－61）

图6－61

【要 点】

1. 将敌臂担在我方肩上时，先要将身体贴进，以防敌臂滑脱。

2. 两手一旦按住敌肩部，我方的右肩就要贴着敌臂向后滑移，寻找支撑点，以便双手按压敌肩时借力。

## 二十、顺手牵羊

【用　法】

1. 敌我对峙。

2. 敌方左脚上步进身，右直拳击打我方面部。我方右手上挑，格拦于敌方右腕外侧。(图 6－62)

3. 右手旋腕扣指抓住敌方右腕，左手按在自己右掌背助力，向右下拽。(图 6－63)

图 6－62

图 6－63

4. 上体右旋转，同时，左肘压住敌方右上臂后侧，随着旋拧发劲，将敌方扭臂压伏于地。(图 6－64)

【要　点】

1. 抓腕的部位以锁住关节缝为佳，一边牵拉，一边旋拧；左肘压敌臂须以旋拧劲配合。

2. 旋拧与转身要灵活，尽量将敌臂拉直。

图 6－64

## 二十一、拦腰弩箭

**【用　法】**

1. 敌我对峙。

2. 敌方左脚上步进身，左拳向我方面部击来。我方后仰身，左手上扬拦抓敌方左腕。（图 6－65）

3. 左手拽住敌方左腕向左后侧牵带，同时，左脚迅速上提踹击敌方左肋。（图 6－66）

图 6－65

图 6－66

【要 点】

1. 仰身避拳时，即要有收提左腿准备踢击的意图；左腿提起时，右腿要站稳，以防敌方扑上来的力量与我方踹出之力相撞，在力的作用下，我方反被跌倒。

2. 发腿踹击力点以敌方肋骨为准。

## 二十二、降龙伏虎

【用 法】

1. 敌我对峙。

2. 敌方左脚上步进身，用右腿横踢我方头部。我方上体略左侧，左臂兜向敌方右小腿，右手推按住其右小腿前胫部。（图6－67）

图6－67

3. 接着，左掌按压敌方右腿膝关节外侧，右臂屈肘压住敌右膝盖，将其右腿控制牢固。（图6－68）

4. 我方右手提起敌方的右脚跟，上体旋转，将敌扭扑于地。倒地后，用右手扳住敌方右脚尖向怀内旋拧，牢牢地将其控制在地。（图6－69）

图6－68

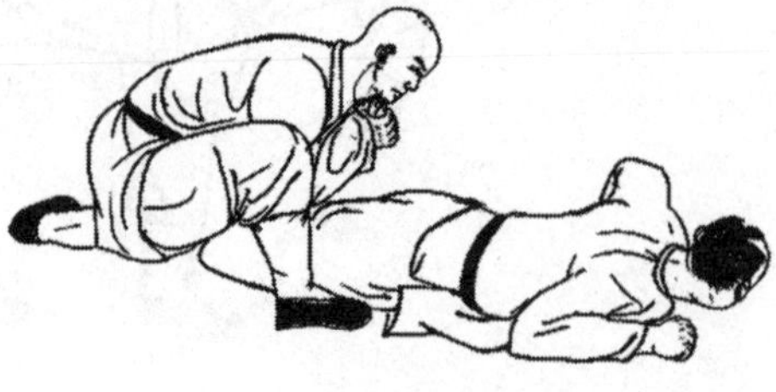

图6－69

【要　点】

1. 接住敌攻击腿后，尽量将其小腿控在我方左肩上，这样可以借力。

2. 折压敌腿时，左手压敌右膝弯外侧，右手抓住其脚掌相向发力；也可以用左手抱住敌右小腿控制在我方左肩上，右手及前臂压其膝弯旋拧，而跌扑敌方。具体应用时须灵活掌握，不可拘泥一法。

## 二十三、渔翁搬舵

【用　法】

1. 敌我对峙。

2. 敌方左脚上步进身，用右腿横踢我方头部。我方上体略左侧，左臂兜向敌方右小腿，右手推按住其右小腿前胫部。(图 6 – 70)

3. 左掌按压敌方右腿膝关节外侧，右臂屈肘压住敌右膝盖，将其右腿控制牢固。(图 6 – 71)

4. 随后，我方右脚上步绊住敌方的左脚跟部。(图 6 – 72)

5. 身体向左拧转，使敌方失去重心，跌倒在地。(图 6 – 73)

【要　点】

1. 此招含有胯打之意，接腿上步要迅速连贯，绊脚要恰到好处。

2. 前推与旋转要相辅相成，绊锁敌支撑脚非常重要。

图 6 – 70

图 6 – 71

图 6 –72

图 6 –73

## 二十四、移身幻影

图 6 –74

【用　法】

1. 敌我对峙。

2. 敌方左脚上步进身，用右拳击打我方面部。我方左手上挡（同图 6 –1），拦格敌右腕内侧，并向外化劲。（图 6 –74）

3. 我方身体迅速下蹲，右脚上步，钻过敌方右腋下。（图 6 –75、图 6 –76）

图 6 –75

图 6 –76

4. 转身，挪到敌方的背后，左脚向左跨步，右腿随即跟上敌方的后步。（图6－77、图6－78）

5. 动作不停，身体下蹲，双手下伸抱住敌方的两个膝盖，同时，右肩抵住敌方的臀部。（图6－79）

6. 猛一发力，双手抱住敌方双腿上提，使其向前扑倒在地。（图6－80）

图6－77

图6－78

图6－79

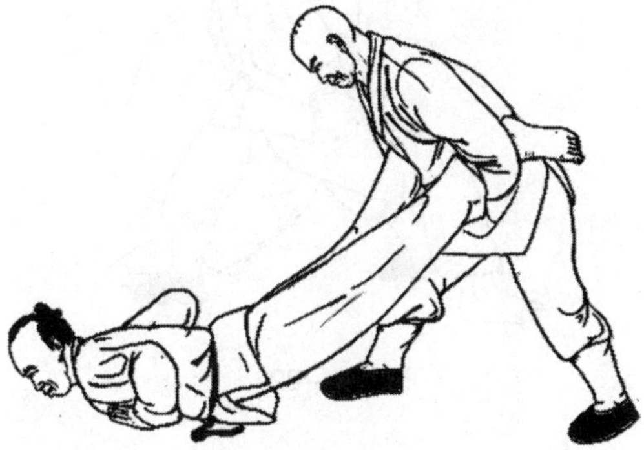

图6－80

【要　点】

1. 此招不因力敌而闪避，乘敌扑空而擒制。

2. 下闪后的游转步法要灵活而快速，必须在敌方出拳后未及换势就要转到其身后。抱腿、肩抵，一气呵成。摔扑之后，脚踩击敌方要害，可将其重创。

## 二十五、旋风卷草

【用 法】

1. 敌我对峙。

2. 敌方左脚纵步上前，右拳横打我方头部。我方右垫步上前，左手及前臂前伸反拦敌右臂内侧。(图6－81)

3. 随之，我方右脚上步，抄向敌方的右腿弯处，同时，右臂横拦敌上胸，右手抓住敌左肩部向左下旋压。(图6－82)

4. 将敌旋压在地，牢牢控制。(图6－83)

图6－81

图6－82

图6－83

【要 点】

1. 防守与进身动作要连贯，此招攻防兼备，上步即要将右胸侧贴住敌方左胸。

2. 右脚绊锁牢固，右前臂拦压时，手掌可抱住敌方另侧，下颌关节或耳根。

## 二十六、倒背金人

【用 法】

1. 敌我对峙。

2. 敌方左脚上步进身，右拳击打我方面部。我方左手上拦，格挡于敌方右腕内侧。（图 6－84）

图 6－84

3. 左脚稍向后收，右脚上步于敌方左脚内侧。（图 6－85）

4. 右脚落地之际，左脚再挪一步，左转身背部贴住敌方前胸，同时，右手穿过敌方右臂下，与左手合力抓住敌右腕部。（图 6－86）

图 6－85

图 6－86

5. 我方臀部抵住敌方胯部，向前躬身将敌背摔过去，重重跌地。（图 6－87、图 6－88）

【要 点】

1. 格住敌方的攻击手后，我方连续上进两步，一个拧身，手拉臀顶，将敌方背摔而出。

2. 转身后，要迅速贴近敌方，快速摔出，以防敌方另一手抱抓我方头面部。

图6－87

图6－88

## 二十七、斜倒口袋

【用　法】

1. 敌我对峙。

2. 敌方左脚上步进身，右拳击打我方面部。我方左手向外反格，架住敌方右前臂内侧。（图6－89）

图6－89

3. 随即，两脚交换步位，右脚插向敌方裆下，左手扣指抓住敌方右腕。（图6－90）

4. 身体下蹲，右手从敌裆下穿过，抱住其右大腿。（图6－91）

5. 左手抓住敌右腕下拉，右手抱住其右大腿上抬，用肩部将其扛起来。（图6－92）

6. 随之，将敌方向左侧方翻转扔出。（图6－93）

【要　点】

1. 右肩要将敌方腹部抵紧，左手拉，右手抬，一发劲就将敌扛起。

2. 摔出后，可以用脚踢击或踩击敌方头部。

图6－90

图6－91

图6－92

图6－93

## 二十八、老僧撅柴

**【用　法】**

1. 敌我对峙。

2. 敌方左垫步进身，右拳直击我方腹部。我方身体向左偏闪，避开敌方右拳。（图6－94）

3. 我方双手迅速下按，分别抓住敌方的腕关节和肘关节。（图6－95）

图 6－94

图 6－95

4. 右膝上提顶向敌方右前臂中段，同时，双手按住敌方腕、肘关节下压，双向用力，将敌右前臂撅折。（图 6－96）

图 6－96

【要　点】

左偏身闪避要恰到好处，在敌臂尽量伸直的情况下，双手下按，提膝顶撞，将敌右前臂当作一根木棍般撅折。

## 二十九、叔宝勒马

【用　法】

1. 敌我对峙。

2. 敌方上步进身踏入我方洪门，右摆拳击打我方头部。我方后仰上身避过。（图 6－97）

图 6－97

3. 敌方一个回手反鞭拳，再度挥击我方头部。我方迅疾沉身避过。（图 6－98）

4. 敌方见两次击打失效，迅疾用右拳直冲我方面部。我方左手反格，抓住敌方右腕。（图 6－99）

5. 我方随即左转体，右脚上步于敌方裆

前，双手握住敌右腕上举，使我方背贴于敌方右胸侧。（图 6－100）

6. 左脚迅疾退步至敌方腿后，同时，双手将敌方右手臂反折拧转上提，将敌方扭跪于地。然后，我方腾出左手，推按敌右肘，将其控制住。（图 6－101）

图 6－98

图 6－99

图 6－100

图 6－101

【要　点】

1. 敌方的这种反复挥拳横扫，不宜硬接，只宜避躲；但不可逃离，一旦逃离，就有可能被敌乘胜追击了。

2. 一般敌方的攻击多两次或三次为一个组合，我方要掌握好这个习惯性，乘敌旧力略过新力未生之机，顺势抓住敌方攻击手，使招擒拿。

## 三十、力士摔牛

【用　法】

1. 敌我对峙。

2. 敌方进身用右手抓向我方面部。我方上扬左手格抓敌方右手腕。（图 6－102）

3. 左手抓住敌腕迅速向外拧转。（图 6－103）

图 6－102

图 6－103

4. 一边拧旋，一边由下向上提，使敌方右手腕、臂外翻。（图 6－104）

5. 我方右手助力，按住敌方右手背向其右外侧推。（图 6－105）

图 6－104

图 6－105

6. 继续外推并顺势下压，致使敌方倒地；推拧还可使敌方右腕骨折。(图6－106)

图6－106

【要　点】

1. 此招接抓敌腕后，大拇指迅速滑按其脉门，食指锁住其腕关节缝，掌根紧紧抵压其掌背，这样就能使敌整个腕、掌失去反抗之力。

2. 旋拧时，明劲和暗劲要同时用上，右手的协助要及时，不可给敌方喘息之机，一下将其制服。

## 三十一、顺水推舟

【用　法】

1. 敌我对峙。

2. 敌方左脚上步进身，用右摆拳击打我方头部。我方迅速下蹲，避过其摆拳的攻击。(图6－107)

3. 我方向敌右外侧起身之际，迅疾用右勾拳猛击敌方腹部。(图6－108)

图6－107

图6－108

4. 敌方受击，自然向前佝腰俯身。我方顺势上举双掌反拍敌方背后，将其打趴在地。（图 6－109）

5. 敌方趴地之际，我方顺势提起右脚，踩击其腰部。（图 6－110）

图 6－109

图 6－110

【要　点】

1. 下闪之时要有一个侧闪的预动，用右勾拳击敌腹或裆部，要紧跟而出，闪和击不可脱节。

2. 让过敌方的攻击时勾拳击敌腹，由于摆拳打空的惯性和受到的勾击，敌必然前扑，这时，我方右回身双掌反劈立可把敌击倒。

## 三十二、金刚伏虎

【用　法】

1. 敌我对峙。

2. 敌方左垫步进身，右直拳击打我方面部。我方迅疾右偏身，避过敌拳的锋芒之际，双手上抬，格于敌方右臂外侧。（图 6－111）

图 6－111

3. 动作不停，我方双手顺着敌拳的力量前带。（图 6－112）

4. 抖劲发力下拽，将敌方向前牵扑于地。（图 6－113）

图 6－112

图 6－113

5. 不要停顿，右臂屈肘下砸敌方后背。（图 6－114）

图 6－114

【要　点】

1. 闪避后牵带敌手时，要顺敌之势，借敌之力。

2. 砸肘之法不可拘泥固定目标，只要敌方过我身侧而露出后背，我方即可发肘攻击，如后脑、脖颈、脊柱等部皆可。

## 三十三、罗汉摘瓜

【用　法】

1. 敌我对峙。

2. 敌方左脚上步进身，左摆拳接右摆拳攻击我方头部。我方右掌格开敌左拳，同时，左手上抬护头格敌右摆拳的上臂。（图 6－115）

3. 左手顺势前伸抱住敌后脑，右掌抓按其头顶。（图 6－116）

图 6－115

图 6－116

4. 双手一齐下按，同时，右腿屈膝上提，撞击敌方面部，致其重伤。（图 6－117）

图 6－117

【要　点】

1. 控头顶膝之法十分厉害，一旦顶上，敌方立会面破血流，重则昏迷。

2. 运用此招时，要大胆地去攻击，屈两前臂拦截，寻机抱压敌头顶膝，不要向后闪避敌方左右摆拳。

## 三十四、韦驮亮杵

【用　法】

1. 敌我对峙。

2. 敌方左脚上步进身，右拳击打我方面部。我方左手上格敌右腕内侧。（图 6－118）

3. 迅疾扣指抓住敌腕，并向外拧转。（图 6－119）

4. 随即右脚上步于敌方裆前，右臂屈肘砸击敌方胸部。（图 6－120）

5. 我方左手拽敌右腕，右肘压住敌胸部，左拧身发力，将敌方打跌于地。（图 6－121）

图 6 －118

图 6 －119

图 6 －120

图 6 －121

【要　点】

1. 格挡与扣抓拧转应连贯有力，迫使敌方挺出前胸，随即上步肘击，砸、压兼施。

2. 砸肘不便时，我方可用横扫肘击打敌方下颌或颈侧。

## 三十五、无影穿心脚

【用　法】

1. 敌我对峙。

2. 敌方左脚上步进身，双拳向我方头部夹击。我方迅疾沉身，双手从中间上

挑格挡于敌方左右前臂内侧，并外分崩劲。（图 6－122）

3. 两手腕外旋，扣指抓住敌方两臂下压，并向两侧分拉。（图 6－123）

图 6－122

图 6－123

4. 左脚后移，右脚尖上勾，用脚跟蹬击敌方胸口，将其蹬翻跌出。（图 6－124、图 6－125）

图 6－124

图 6－125

【要　点】

1. 敌方的“双峰贯耳”一旦被我阻截，双方的手都空不出来，这时就得起脚，谁先起脚谁就占先机。

2. 我方起腿及时，力量爆发，防敌双拳同时发出正蹬腿，可一脚把其蹬翻。蹬击时双手突然一松，更能跌敌至远。

## 三十六、幻影无形

**【用　法】**

1. 敌我对峙。

2. 敌方右脚前移步，左腿向我方右侧横踢。我方双手向前拍击敌小腿前胫，将其攻势打掉。（图6－126）

图6－126

3. 敌方左脚顺势落地，右转身，右腿后摆踢向我方头部。我方见其势猛，迅速下蹲身避过。（图6－127）

4. 敌方后摆腿落地背对我方，刹那间我方起身，提起右脚蹬击敌方后腰，将其踢出前趴。（图6－128～图6－130）

图6－127

图6－128

图6－129

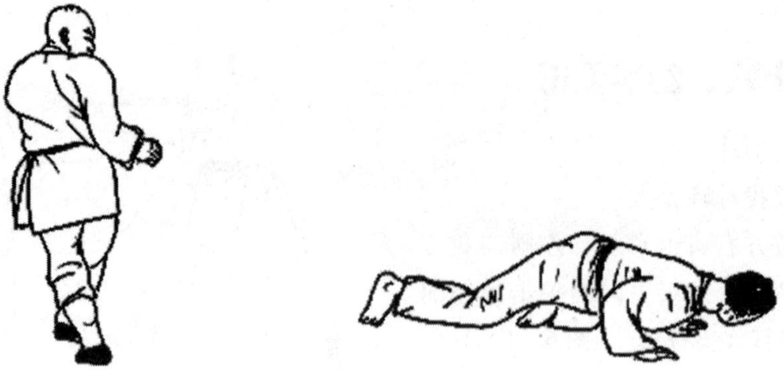

图 6－130

【要　点】

1. 避躲敌方的连续性横扫腿，我方最有效的办法的就是下蹲身。下蹲身的时机要掌握准，过晚必被踢，过早则易被敌发觉而出连击。

2. 敌方两腿一过，必须要蓄势换劲。所以，我方要趁敌后挂腿转身背对我方之机，弹身而起，发出猛劲正蹬腿，可跌敌丈远。

# 第七章　少林罗汉短打

宋代福居禅师联合天下武林十八名家，于嵩山少林寺共研武学，留下了许多珍贵的武功秘籍。罗汉短打以其独特实用被选中而定谱，从此声名远扬，寺内和民间都出现了很多擅长此技的打法高手。

其技击主要特点是：贴身短打，挨撞挤靠；抓擒搂抱，勾挂绊扫；滚出滚入，手手相连；出手快捷，变化多端。

## 一、退步跨虎

**【用　法】**

1. 敌我对峙。（图 7－1）

图 7－1

2. 敌方右脚前移步，随之左脚上步进身，用右冲拳向我方面部击来。我方右脚退半步，内裹左臂格敌右臂外侧，化去其攻击力。（图 7－2）

3. 敌方见右拳攻击失效，而紧跟踢出右腿，踢向我左腰侧。我方略后滑步，

缩身收左腿成虚丁步，同时，左手下摆勾住敌右小腿踝关节，化去其攻势。（图7－3）

4. 然后可随意击打敌正面任何要害。

图7－2

图7－3

【要　点】

在运用此招时，左手的内裹和下划要灵活自如。在临阵对敌中，敌方用冲捶加鞭腿是非常厉害的杀招，其拳是可实可虚的，利用跨虎之法对之，可以说是恰如其分的。在下摆手时，要用冷脆之劲，一旦勾住其腿时，制敌之法就可随意了，可抱腿别脚摔，或踢其裆等。

## 二、双穿喉

【用　法】

1. 敌我对峙。

2. 敌方左垫步接近我方，用右冲拳向我面部击来。我方右腿前蹬微左偏身之际，左手拍压敌右腕并下压，同时，右掌直戳敌方咽喉。（图7－4）

3. 右腿提膝，身体前探左掌再度戳敌咽喉。（图7－5）

【要　点】

此招的戳喉掌可连续使用，两掌连环出击，不能让敌有喘息的机会。步法上可以用前滑步跟进的办法，不能让敌方脱离我方的攻击距离，只能让其两手招架，步步紧逼，使其退步不及，招架失灵，被我方的左右掌戳击而窒息。

图7－4

图7－5

## 三、掏肋掌

**【用　法】**

1. 敌我对峙。

2. 敌方右脚前移步，随之左脚上进步，左拳向我面部打来。我速右偏身，上翻左掌格敌左腕背。（图7－6）

3. 我方以右掌根为力点，斜击敌左肋。（图7－7）

图7－6

图7－7

【要　点】

此招的防守法，要见机而行，尽量达到格挡与截拦的目的，迟滞其另手连击。如果敌用右拳攻击我方，我则应以右手作防守，左掌攻击之。

## 四、绞手翻

【用　法】

1. 敌我对峙。

2. 敌方左垫步进身，用右拳击打我方面部。我即收左步沉身，内裹左臂格挡敌右臂外侧。（图7－8）

图7－8

3. 紧随左臂内扣腕下压敌臂，左脚进步绊于敌右脚跟后侧。接着，左手压臂并向前下伸捞抱敌腰臀。（图7－9）

4. 右手推锁敌喉，两手交错用力，将敌制翻。（图7－10）

【要　点】

这一招法是近身短打，格挡敌臂有如灵蛇缠枝一般，但在压敌右臂时，我方的右手要有防护之势，以防敌方的左手攻击。绕压敌臂目的是要伸手搂抱其腰，左手的搂抱应与右手前推同时进行。右手可锁喉，也可扑面、推胸。此招最关键点在于绊封其足跟。

图7－9

图7－10

## 五、剪子手

**【用　法】**

1. 敌我对峙。

2. 敌方左垫步进身，右拳击打我方面部。我方右脚退步，左手一拍，接触其腕的同时，扣指粘抓，同时，右手前伸用掌托其右肘关节。（图 7－11）

3. 随即，右手掌贴住敌方右臂下侧滑收，左掌前滑。待右手滑至其右腕部，扣指扣住其脉关，右腿后撤退一步右旋体，两手交错用力，折伤其臂。（图 7－12）

图 7－11

图 7－12

**【要　点】**

这一招的用法，要求速度快速而手法稳准，其间的几处小手法相当细腻，左手扣敌腕脉、右掌前托彼肘皆含有拿穴之妙，右拇指扣曲泽穴，右中指扣其骨缝之麻筋。旋体剪臂要自然灵活而带脆弹之劲。

## 六、单劈掌

**【用　法】**

1. 敌我对峙。

2. 敌方左垫步进身，右拳击打我速后撤左步，上提右臂格于敌右臂外侧。（图 7－13）

3. 我方紧随外翻臂滚压敌右拳臂，并用力前推，同时，左脚上步于敌右脚后侧，翻出左掌劈敌头顶。（图 7－14）

图 7－13

图 7－14

【要　点】

单劈掌的用法应视敌所出何手而决定一守一攻的姿势，不论怎样的防守，武学之巧以走边为主，也就是防格敌攻击手之外侧，只有这样，才能预防和阻止敌另一手的出击。这一招中，不论是左手防或右手防，一旦格住敌攻击臂即须压格，另一手迅速翻出劈击敌。假如一击不中，可将劈手下压，跟上另一手又劈出，连环出击，直至敌被打中而跌为止。

## 七、双分捶

【用　法】

1. 敌我对峙。

2. 敌方左垫步进身，两拳以双峰贯耳之势向我方头部打来。我方不退反进，两手外分架于面部前方，阻截住敌方的左右前臂内侧。（图 7－15）

图 7－15

3. 随即，左右手向两边猛地分开。（图 7－16）

4. 在敌臂被压而露出前胸的瞬间，两手猛地一抖，双拳插击敌方腹部。（图 7－17）

图 7－16

图 7－17

【要　点】

这一招为传统打法，在现代搏击中，很少有用双峰贯耳的，但作为传统拳法，解析每一招术时，必须按部就班；而我们现代人不一定要拘泥于原法，所谓“守规矩后而脱规矩”，方为修武之正路。

## 八、守门势

【用　法】

1. 敌我对峙。

2. 敌方左垫步进身，右拳击打我方面部。我速左旋身右手横拍敌右肘内侧，并向下压力。（图 7－18）

3. 紧随左手抓其腕压推，同时，右脚上进一步，右掌根震击敌心口。（图 7－19）

【要　点】

这一招实质是左右两势开门法，也称警戒势。守门势从表面看只有防守之法而无攻击之机，其实这种姿势与敌的接触面较小，手、肘能迅速到达头、肘等部位防护，步法灵活也便于进攻和防守。这里介绍的技法，只是其中之一，还可有更多灵活的变化，熟则自能生巧。

图 7－18

图 7－19

## 九、连环掌

**【用　法】**

1. 敌我对峙。

2. 敌方左垫步进身，右冲捶打向我方面部而来。我方见其势猛，退左脚一步之际，右手向上挑格敌右腕内侧。(图 7－20)

3. 我方趁敌出拳“旧力略过”之际，左手向上挑格敌右臂内侧，前进左脚一步，右掌直扑敌面。(图 7－21)

图 7－20

图 7－21

4. 左掌再次打出扑面掌。(图 7－22)

5. 敌方忙于防守之际，我方急进右脚一步，双手蝶掌势攻出，右掌击敌左肋，左掌击敌右肩。(图 7－23)

图 7－22

图 7－23

【要　点】

连环掌，顾名思义，不难理解其技法的特点。当然，也不是说一左一右地推出双掌就能完成制敌目的，要视敌人当时的身态姿势来决定双掌的连环出击的方法，但皆要快和猛。最后的双掌夹击，切忌盲目使用，必须在将敌打得手忙脚乱而难于防守时，方能一举奏效。

## 十、顺手脚

【用　法】

1. 敌我对峙。

2. 敌方左垫步进身，右拳击打我方胸部。我方见拳将到，双手交叉成十字手砸格其腕部。(图 7－24)

图 7－24

3. 随即前滑步出左掌劈击其胸部。敌仰身避过。(图7－25)

4. 我方迅速飞起左脚弹踢敌方小腹或裆部。(图7－26)

图7－25

图7－26

【要　点】

这一招杀伤力很大，不遇凶残歹徒不能滥用。在搏斗中使用掌中藏腿之法，敌往往是只防我掌而疏漏我腿的攻击。这种招数用于攻敌有神效，而同时也提醒我们自己，不要顾此失彼，遭敌这类毒招。

## 十一、扤毛篮

【用　法】

1. 敌我对峙。

2. 我方采取主动进攻，右垫步进身，用左拳击向敌方面部。敌方缩身收步，上挑左手格住我左拳。(图7－27)

图7－27

3. 我方左手顺势伸指扣抓敌腕往回收拉，紧随上进右脚一步，同时，右手屈臂上提挎敌肘臂部。（图 7－28）

4. 此时，敌如屈收左臂来化解我方之力，我则松左手，右手转腕前点拳，击敌前胸。（图 7－29）

图 7－28

图 7－29

【要　点】

这一招实为断骨之法，但在实用中不能拘泥，见敌变化，要以打法击之。在抓住敌腕时，如拉不伸敌臂，上扤之法就不能产生效果；在左手抓敌腕时，如没有旋拧劲，一旦右臂去扤时，敌肘能屈，其肘尖骨最易顶中我方曲泽部位。制敌不成反受其害，这是习者特别应注意的。

## 十二、开弓势

【用　法】

1. 敌我对峙。

2. 敌方右脚前移步，左脚上步进身，左冲捶打向我面部而来。我方右脚退步，左膝前弓，同时，右手提臂裹旋，格化于敌左臂外侧，将其攻势化解掉。（图 7－30）

3. 紧随着，左手上翻叼扣住敌左腕，随之上进右脚绊于敌左脚后跟，右拳猛击敌左肋部。（图 7－31）

图7－30

图7－31

【要 点】

在运用此招法时，只要领会其意，具体的动作姿势就能见敌所攻而随机变化了。可防守用拳，也可主动攻击。开弓时要左右连环开弓，不拘次数，打倒敌人方止。

## 十三、通天炮

【用 法】

1. 敌我对峙。

2. 敌方左垫步进身，右劈掌击向我头面而来。我见其势猛，速撤退左脚一步，抬右臂架住其右前臂。(图7－32)

图7－32

3. 紧随上进左脚一步于敌裆前，右手转腕用勾拳击向敌方下颌。敌方退后左脚一步，两手合拢下压我方右拳。(图7－33)

4. 我方右拳顺势向下沉收，随即向上猛弹抖劲，以迅雷不及掩耳之势击打敌方眉棱骨或太阳穴部位。(图7－34)

【要 点】

通天炮法，于少林派技击中即为左右手连环勾拳夹顶拳的招术，攻击点以敌之下颌、面部为准。两手交替而出，连攻带守，步步紧逼，出拳速度要快、脆，而具弹抖劲，不让敌有喘息机会。

图7－33

图7－34

## 十四、顺风掌

【用 法】

1. 敌我对峙。

2. 敌方左垫步进身，右拳向我面部击打。我方上挑左手格于敌右臂内侧，将其攻击力化开。（图7－35）

3. 在一触敌臂的瞬间，左腿前弓，左手抖力击打敌方上盘要害，右手预防其左手的举动。（图7－36）

【要 点】

顺风掌是一招连消带打的手法，在防守上是相当精妙的，不管敌方是单手攻来，或者是左右手连环攻击，我均可以一手作防，继而反击。如果我方在动作上快猛时，可一击就解决战斗；如稍缓，防住其右拳时，敌左拳又出的话，我之左手可向内一横格住其手。一格之后还能变化出前推掌或抖拳或抖掌的攻击招法。

图 7－35

图 7－36

## 十五、双捆法

【用　法】

1. 敌我对峙。

2. 敌方左垫步，提起右脚踹击我方小腹部。我速退右脚半步成左弓步，同时，双臂屈肘下沉捆锁敌右脚背。（图 7－37）。

图 7－37

3. 敌方向后收脚落步变势。我追上右脚一步，左拳冲向敌面部。（图 7－38）。

4. 敌方提屈双臂阻挡。我方右手下栽拳，插击敌小腹部，以连环两势出击将敌打跌。（图 7－39）

【要　点】

此招防守后加反击。双手捆法作为防守时，不论敌方出拳或出腿，均可使用。反击时必须抓住敌方旧力略过，新力未生之机，采取惊上取下的打法，左拳的出击为先锋手，右拳打击重击拳。

图 7－38

图 7－39

## 十六、盘龙肘

**【用　法】**

1. 敌我对峙。

2. 我方右垫步进身，左脚踏进敌方洪门，右冲拳打向敌方面部。敌方用“十字拳”托住我方右腕。（图 7－40）

3. 敌方右旋转身，欲将我方右臂反拧。我方右脚上进步缓解其势。（图 7－41）

图 7－40

图 7－41

4. 我方左转身顺敌扭拧之势以求缓解之际，左臂屈肘后顶，击打敌方后脑。(图7-42)

5. 敌方一松手，我右手乘机下插，打击其裆部。(图7-43)

图7-42

图7-43

【要　点】

盘龙肘势，是一招可攻、可守，可用于解脱，较为全面的技击招术，这里只是讲述了被擒拿时的解脱反击法。应注意的是：被擒拿时的解脱时机，必须抢在敌的擒拿手法尚未完成之前使用，时机的掌握是非常重要的。回身肘击可连环使用，不可拘泥一法。

## 十七、缠丝炮

【用　法】

1. 敌我对峙。

2. 我方主动右垫步进身，右拳击打敌方面部。敌方后撤步退身，用右手格我右腕内侧，将我攻势化掉。(图7-44)

3. 敌方屈指扣抓我方右腕。我方右手勾腕下压，左臂猛砸其右前臂。(图7-45)

4. 紧随左腿屈膝前弓，左拳抖弹劲击打敌方面部。敌方用左掌阻住我之左拳。(图7-46)

5. 我右拳紧跟而出，击打敌方腹部。(图7-47)

图 7－44

图 7－45

图 7－46

图 7－47

【要　点】

所谓缠丝，就是与敌手臂相交时的缠扣锁拿或滑变解脱的方法。炮即冲拳。缠丝为守，炮为攻。这一招的重点在左拳一击时的右拳出击，此为暗手法，虚实相兼，令敌莫测。

## 十八、甩包袱

【用　法】

1. 敌我对峙。

2. 敌方左垫步进身，右冲捶击向我面部。我身体略一沉，双手交叉成十字掌上托敌右前臂，抬身举臂将其攻势化解。(图7－48)

3. 紧随左脚向敌左侧跨一步，背身对敌，同时，双手拿住敌右臂担于我左肩上。(图7－49)

图7－48

图7－49

4. 双手拉力，我方肩部抵住敌右腋部，左脚前跨一步，右旋力，臀部向上拱，将敌从我背后向前摔出。(图7－50)

图7－50

【要　点】

摔法是力量与速度结合的一种技击方法，在运用这一招的时候，我方十字手扣住敌右腕时，必须有旋拧之势，将敌腕拧转，敌之右臂才能受我控制；否则，即便敌不反抗，以顺势之法压于我左肩上，想摔出敌方却没有受力点。转拧敌腕使其疼痛，并加上右旋转体的力量，即使不能将敌从我头顶摔出，也能将其旋裹于地。

## 十九、揽双根

**【用 法】**

1. 敌我对峙。

2. 敌方左垫步进身，右拳打向我方面部。我上扬双手，托举阻截敌方右前臂。(图 7－51)

3. 当敌方有仰头之状，我沉身下潜，右脚进步于敌裆下，左右手搂抱住敌方双腿。(图 7－52)

图 7－51

图 7－52

4. 我方在肩前顶的同时，双手下滑捞其小腿，猛劲上提，将敌掀跌。(图 7－53)

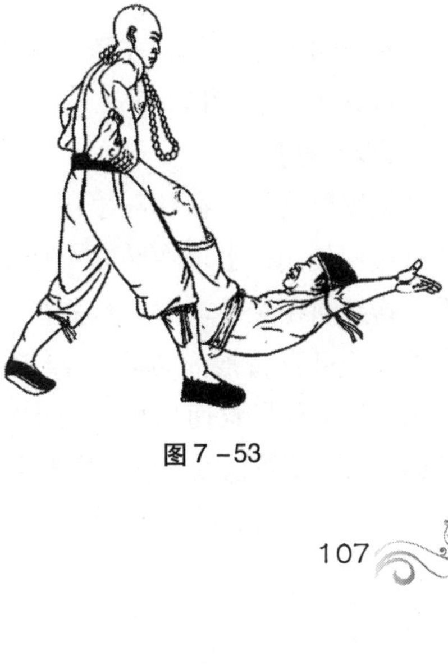

图 7－53

**【要 点】**

揽双根，顾名思义，就是缠抓提拉敌的双脚使其失去重心而摔跌的技法。现代的搏击术称为“抱双腿摔”。使用时要惊上取下，出其不意；假如盲目佝身揽敌双脚，只要敌方提膝反击，面部必将遭其重创。武技的本身就是因势而取，切不可勉强弄险！这一招中，在摔倒敌后还可加以冲拳击裆，或用脚蹬踩敌方裆腹等法，将其彻底制服。

## 二十、倒银瓶

【用　法】

1. 敌我对峙。

2. 敌方左垫步进身，右拳击打我方面部。我方左臂内裹格于敌右臂外侧，化去其攻势。（图 7－54）

3. 我方左手贴绕敌臂上挑，推敌右上臂内侧，同时，右手向下搂抱敌右小腿及膝弯部。（图 7－55）

图 7－54

图 7－55

4. 随即右手收提，左掌下踏推击敌胸，将其摔跌。（图 7－56）

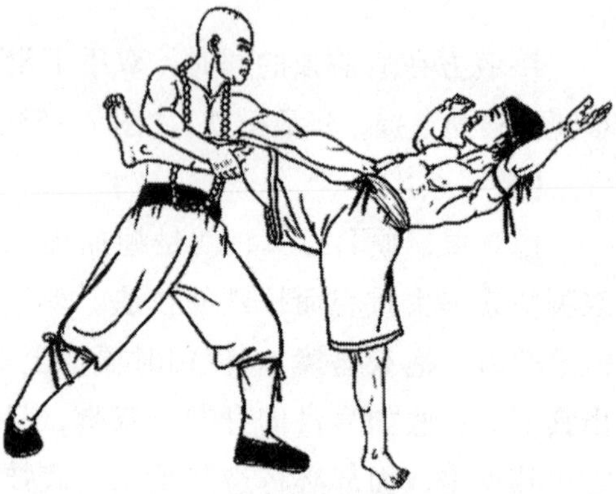

图 7－56

【要　点】

倒银瓶又是一招摔敌之法，可于主动进攻中使用，也可在防守中使用。右手下捞必须在左手攻敌上盘掩护时才能出手，不可盲目地一近身就伸手捞抓，如果被敌提前发觉而借机左垫步右提膝的话，我方就难以发挥制敌技术了。

## 二十一、洗袖子

【用　法】

图 7－57

1. 敌我对峙。

2. 敌方左垫步进身，右拳向我方面部打来。我方后退右步，左手格敌右腕外侧。(图 7－57)

3. 敌方借势旋腕扣指反拿我左腕。(图 7－58)

4. 我方左手伸指勾腕向下用力之际，右脚上进一步，右掌前推向敌面部。敌出左手阻挡，此时我左手乘机下沉外翻腕，即可解脱敌方扣拿。(图 7－59)

【要　点】

在民间拳技中惯称此法为“踏袖手”，实质就是为解脱被敌抓住手腕的方法。如单用此招，只能算作解脱法；假如用两手连环前洗，就能变作攻击手了。

图 7－58

图 7－59

## 二十二、推山靠

**【用　法】**

1. 敌我对峙。

2. 敌方左垫步进身，右拳击打我方面部。我方撤退左脚一步，闪避以卸其力，同时，右掌猛地踏压其右腕、臂。（图 7－60）

3. 左脚上步于敌方右腿后方，左手内圈下压敌右前臂替出右手，右掌顺势前推击向敌胸，将其推翻于地。（图 7－61）

图 7－60

图 7－61

**【要　点】**

这一招中的替手出击法，是武技中细腻多变的秘技小手法。为什么说是“小手”呢？因为它动形较小，变化较多，内劲暗藏，不易察觉，容易麻痹敌方。这种手法不但少林派有，武当、峨眉等拳派都有这种手法。熟悉了小手法的奥妙后，攻击敌方时就不止这一招“推山靠”，而是可以千变万化了。

## 二十三、转换掌

**【用　法】**

1. 敌我对峙。

2. 我方主动上右脚踏进敌方洪门，右掌戳向敌方咽喉。敌方后滑步，用左手格化我方右腕外侧。（图 7－62）

3. 我方右手迅速内收画圆脱离敌手的瞬间，左手向右侧上划，反架敌左臂外侧，同时，左脚进步，右掌外旋向敌左肋部标掌插击。(图 7－63)

图 7－62

图 7－63

【要　点】

转换掌，就是以肘为轴、以掌画圆的一种方法，有平圆、竖圆之分，这里是竖圆法，不以力敌，画圆走化，非常巧妙，令敌难测。

## 二十四、牵牛捶

【用　法】

1. 敌我对峙。

2. 敌方右脚前移步，随之左脚上步进身，左拳向我方面部打来。我方上挑左手格挡于敌左腕外侧。(图 7－64)

3. 我方随即旋腕扣指抓住敌左腕往后猛抖拉，右脚上进步于敌左腿后，同时，抡起右拳砸向敌方头部。(图 7－65)

【要　点】

我方格化敌拳时就要有抓扣的意图，一旦抓住拉扯，敌必与我挣力，此时即可借势上身砸捶了。

图7－64

图7－65

## 二十五、马前倒

【用　法】

1. 敌我对峙。

2. 敌方左垫步进身，右冲捶击向我方面部。我方上翻左手格挡于其右前臂内侧。（图7－66）

3. 紧随扣指抓拉，右脚上步于敌右脚后侧方绊住，同时，右掌猛推其胸，向左侧旋力，使敌仰翻于地。（图7－67）

图7－66

图7－67

【要　点】

此法为别腿靠摔的典形范例。防上而进下要有机地配合，只要与敌一接触，就要采取一种螺旋式的拧裹力，最大限度地使其身体失去平衡而跌倒。

## 二十六、前截腿

【用　法】

1. 敌我对峙。

2. 敌方左垫步进身，右拳击打我方面部。我方右脚退步，起身上扬双掌拍格敌右前臂外侧，将其攻势化去。（图 7－68）

3. 紧随着，两手粘住敌右臂向右下捋压，同时，提起右脚以脚跟为力点踩截敌方右膝盖或前胫部位。（图 7－69）

图 7－68

图 7－69

【要　点】

前截敌腿之法，也称为“门槛脚”，是一招相当难于防守的腿法，属暗腿之一。上格敌攻击手的同时，就要踩出反击脚，至于用哪只脚进行攻击，一般要视敌方所攻击的手作决定，敌出右手我用右脚踩，出左手我用左脚踩。也可直接进行迎击性的截阻，一切招数都应见机而行。

## 二十七、兜弓拳

【用 法】

1. 敌我对峙。

2. 敌方左垫步进身，冲出右拳打向我方面部。我速向后撤退左脚一步，同时，两手上翻将敌右拳臂向我方右侧压下。（图 7－70）

3. 随即右拳扑面贯击敌面部。敌方举左手架我右拳。（图 7－71）

4. 我右手反格下压敌方左前臂；随即，左手上伸抓拉其左臂，空出右手。（图 7－72）

5. 右脚前移步，屈膝前弓，右拳向敌方左耳部贯击。（图 7－73）

图 7－70

图 7－71

图 7－72

图 7－73

【要　点】

兜弓拳，是一招连环横贯敌头的打法，连攻带守，连消带打，以最快、最有效的招数拦截敌双手而空出我的任何一手进行贯击。

## 二十八、回马脚

图 7－74

【用　法】

1. 敌我对峙。

2. 敌方左垫步进身，右拳横扫我头部。我见其势猛，沉身躲避。（图 7－74）

3. 紧随右转体两臂反挥，顺敌横扫之势挡化敌右臂，同时提起右膝。（图 7－75）

4. 以脚跟为力点，蹬击敌腹部，将其踢跌。（图 7－76）

图 7－75

图 7－76

【要　点】

此招重在转身踢腿，多为反击身后攻来之敌。只要转身顺利，发腿则因人而异。如果惯用后摆腿，就用摆腿击之，其他如后蹬腿、踹腿、弹腿等等，皆可使用。

## 二十九、绊马索

【用　法】

1. 敌我对峙。

2. 我方左脚前移步，随之右脚上步进身，左掌扑击敌方面部。敌方见势后滑步，用左掌格推于我左腕内侧，将我的攻势化去。（图 7－77）

图 7－77

3. 敌方右拳攻出。我方左掌向外一划，拦开敌方右拳；随之右掌横出砍击敌右肋。（图 7－78）

4. 动作不停，左脚向前绊住敌方右腿，两掌猛按敌前胸，将其击倒。（图 7－79）

图 7－78

图 7－79

【要　点】

绊马索是一招跌法。可以使用勾踢之法而跌之，但是，使用之时，所踢之敌脚跟，必然要是敌方的重心脚，这样才能一踢奏效。也可用脚勾绊住敌方一只脚的脚跟，以作封闭之用，同时用旋推之力将其制翻，也就是手脚并用之法。

## 三十、拦截肘

**【用　法】**

1. 敌我对峙。

2. 敌方左垫步进身，冲出右拳击打我方面部。我方退右步，上挑右手格于敌右腕外侧。（图 7－80）

3. 紧随右手旋腕勾指扣住敌右腕，然后带腕向右拉，左肘立臂前撞敌右肘后侧。（图 7－81）

图 7－80

图 7－81

4. 连击不停，我方左前臂迅速下压，空出右手猛击敌面部。（图 7－82）

**【要　点】**

拦截肘，就是用我之肘拦截而伤敌肘的一招技法。这一技术，用于解脱时也是相当奏效的，敌方以任何一手抓揪我胸襟，或锁喉、抓发等，均可用截肘之法反击。

图 7－82

## 三十一、拦腰斩

【用　法】

1. 敌我对峙。

2. 敌方左垫步进身，冲出右拳击我面部。我方右脚退步，上体左偏之际，上扬右手反拍敌右腕外侧。（图 7－83）

3. 紧接着右脚上拦，以脚尖勾住敌右脚踝骨内侧，同时，右手猛向敌方腰部砍斩，使敌前扑跌出。（图 7－84）

图 7－83

图 7－84

【要　点】

拦腰斩这一技术，多为贴身靠近有缠抱时使用的暗手打击，腰部一经斩击，敌人就会疼痛失力。这里介绍的是以勾腿而斩，其力更大，杀伤力更强。

## 三十二、裤裆脚

【用　法】

1. 敌我对峙。

2. 敌方左垫步进身，右脚提起蹬踢我方肋腹。我方速内收左脚藏裆，同时，左手向下勾住敌右小腿。（图 7－85）

3. 随之，踹出左腿击敌裆部。（图 7－86）

4. 敌被踹退，我方左脚落步之瞬，右脚垫步提左膝。（图 7－87）

5. 再度踹击敌裆部，将其彻底踹倒。（图 7－88）

图 7－85

图 7－86

图 7－87

图 7－88

【要　点】

裤裆脚为一招暗腿，又称“裙底脚”，一出脚就踢击敌裆，有一击必杀之效。这里介绍的是用沉身挂勾之法防敌之低腿，趁沉身之反弹力起腿踢之。若要制敌于死地，可以连续踹击，垫步进身踢击。

## 三十三、拦后翻

【用　法】

1. 敌我对峙。

2. 我方左脚前移步，随之右脚上步踏进敌方洪门，右手反背掌甩击敌面部。敌方后滑步避闪，并用右臂架住我右腕，使我方攻击失效。（图 7－89）

3. 我方立即左脚上步，绊于敌方右大腿后侧，同时，左右手弹抖合力推按敌胸腹，将其击倒。（图 7－90）

图 7－89

图 7－90

【要　点】

拦后翻与第二十五招“马前倒”有异曲同工之妙。绊脚就是要用一种旋转之力推翻敌人。但是，在用招之前必须抢动，以夺取先机，不然被敌察觉我方企图，会被敌反制。

## 三十四、败势捶

【用　法】

1. 敌我对峙。

2. 敌方左垫步进身，冲出右拳打向我方面部。我方撤退左腿以避其攻击力，同时，上抬左手挑格敌右臂内侧。（图 7－91）

3. 敌方见右拳落空，紧随左脚上步冲出左拳，直扑我面部。我方速撤退右脚一步，上划右手拦格敌左拳腕内侧。（图 7－92）

4. 敌又攻出右拳。我右手内裹格其腕内侧。（图 7－93）

5. 随即左臂抬起砸压敌右臂。（图 7－94）

图 7－91

图 7－92

图 7－93

图 7－94

6. 劈落敌臂瞬间，左臂顺势反鞭拳挥击敌面部。（图 7－95）

7. 敌仰面避过。我方右冲拳打敌胸部。（图 7－96）

图 7－95

图 7－96

【要　点】

败势捶以退势懈敌，然后乘隙而攻击之。但是退不是消极地一味退却，而是不与敌正锋硬抗，一旦发觉敌力及攻势变缓，立即发动反攻，回以连续地重击。

## 三十五、倒拔柳

【用　法】

1. 敌我对峙。

2. 敌方垫步进身，冲出右拳击打我面部。我方右脚退步，前伸左臂格架于敌臂内侧，防开其攻击力。（图 7－97）

图 7－97

3. 紧随右脚上步于敌裆前，同时，右手直插敌裆下，左手抓住其右腕，上体前俯，头贴于敌右肋下。（图 7－98）

4. 左手用力拉敌右手，伸腰向左侧用力，右手搂住其大腿，将敌扛于肩上，然后甩出摔于地。（图 7－99）

图 7－98

图 7－99

【要　点】

倒拔柳，也称倒口袋，为摔法之一。一上即要进身贴住敌身，穿裆搂抱为全招之重点，一抱住就用肩抵紧上抬，一气呵成将敌连根拔起，从头顶翻摔而出。

## 三十六、护头捶

【用　法】

1. 敌我对峙。

2. 敌方左垫步进身，冲出右拳击打我方面部。我不闪不避，当头迎上，前进左步，同时，左手提肘格挡敌右臂内侧，右拳前冲，捶击敌胸部。（图 7－100）

3. 动作不停，右拳一出即收，左拳又打出，再度打在敌胸部，将其击跌。（图 7－101）

【要　点】

护头捶连防带攻，突出了少林派的刚猛特点，一旦防敌成功，立即见机反击，脚踏敌洪门，拳打敌胸部，连环进攻，不给敌喘息之机，直到将敌击溃。

图7－100

图7－101

# 第八章　少林古谱拳诀辑要

本章所辑录的少林拳诀，出自明代少林玄机和尚所编的《拳经》和无名氏所编的《少林拳谱杂俎》，今重新选编出来，供读者参考。但因是古谱，其中晦涩难懂之处有之，望请明辨。

## 一、演拳之法

演拳之法，总要讲明，学之不讲，犹食而不知其味者也，虽多亦奚为！演拳之法，虽经师讲，尤须自参。盖拳中之理千变万化，层出不穷，必触类旁通，闻一知十，方能自善其用。

演拳之法，务要讲名劲法。所谓劲法者，绵、软、硬、脆、滑也。绵劲者，彼进我退，彼退我进，顺人之势，借人之力，专用伸缩，不事遮拦，巧如无此心。软劲者，练拳之际，不逞强，不架硬，两膀软如绵，若不着人则舒散自由，一着人则力从内发，有推墙倒壁之势。硬劲者，硬攻直进也。硬磕，硬撞，硬托，硬架，而要之所由来，能活腕，能伸膀，力由内发，故不失于拙笨。脆者，聚也。将劲全贯于手腕，而膀与身毫不带力，灵活快便，故着人最捷。滑劲者，溜滑也。随机应变，妙如转环，能使敌人望空扑影，无从摸索，手至此则神而神矣。

演拳之法，务要将劲法演真，习练精纯，细心揣摩，不可任意打走。不然，劲一走，则数载功夫皆成画饼矣。

演拳之法，先要定心。盖心定则能静，静而后能安，即猝然临敌，而平时习惯于以静制动，方不至于心慌意乱，手足无措。

演拳之法，以心灵为上。盖心灵则手敏。心灵手敏，妙如转环，逗引埋伏，出没无端。果能如此，方不至于为死手所拘。

演拳之法，务要练气。盖气者身之主也。气若练到，能使筋骨强壮，脚底有根。所谓气壮则体健，气舒则百病除是也。

演拳之法，身体要灵，步数要清，手腕要活，膀子要伸。身体灵则跳跃必便，步数清则进退不乱，手腕活则变化无穷，膀子伸则手可及人。

演拳之法，要识阴阳。阳手变阴，阴手变阳，阴阳不晰者，万不可与人交手。

演拳之法，不可贪多。盖恐博而不精，务广多荒耳。只要吃紧之，如习演纯熟，自可制胜。所谓兵贵精，不贵多也。

演拳之法，要将师传演真，不可任意改变。如贪拳势华丽，游场好看，自作聪明，将师所传妄加损益，此必致乱真传。

演拳之法，尤宜缜密，将师所传每日默为参考，暗加习练。古云："君子之不可及者，其为人所不见乎？"

## 二、练拳密钥

拳者，权也。万不可泥于死手，而又不可擅离老母。

何则？

盖拳中之变化无穷，千变万化，须由母生。世人所常习者，不过眼前明着供人赏玩，一望而知其就里。经云：拳以熟为乖。若学者果留心玩索，将老母习练精熟，经师拆讲，又复自己参悟，将老母中身法、手法、步法一一推寻。如某手可做如何使，某手可变某手，某手可连某手。站一势则思其所以站此势之由，变一势则思其所以变之故。反复思维，俨如敌人在前，既寻敌人之破绽，又将自己周身破绽一一寻到。倘稍有不得力之处，即寻师考证，务要求出所以然之故。而后如此演来，方觉可刚可柔、可即可离、可变可化，此真可为攻拳也。

歌曰："惟母能生子，拳家妙理深；个中真变化，只待会心人。"

## 三、习搏旨要

艺以习而精，力以用而出。

头束肩要提，气坠腿有力。

举步妙存尽，滚手神出入。

身动脚手随，手到步须移。

拨拍分左右，挑接手高低。

胸上定眼位，手出口不离。

相交审接取，动静合呼吸。

试观婴儿玩，天然最可思。

拳肘者，人之羽翼也。但交手之道，全恃迟速，迟者负，速者胜，理之自然。拳出有字，收回有法，按“起、落、钻、翻、崩、转、横、竖”者八字。此学者最易模糊，教者总得明白指示。盖手伸出收回，倏忽之间八字皆备焉。初学之时，则不辨其势。何为起落？何为钻翻？何为崩转？何为横竖？即手之动往上是为起，手之动向下是为落，手自另一手上或下前出为钻，臂手一翻由阴变阳是为翻，手腕一弹是为崩，手腕稍一扭是为转，臂手向外一靠是为横，手前出是为竖。

## 四、问答歌诀二十款

### （一）

问曰：势雄脚不稳何也？

答曰：在势去意来。

势若去时要猛狠，意旋回时身步稳。

百骸筋骨一齐收，后手便顺何须恐。

### （二）

问曰：弱可以敌强何也？

答曰：在偏闪腾挪。

偏闪空费拔山力，腾挪乘虚任意入。

让中不让乃为佳，开去翻来何地立。

### （三）

问曰：下盘胜上盘何也？

答曰：在伸缩虚实。

由缩而伸带靠人，以实击虚易为力。

下盘两足管在斯，撑拳托掌谁能敌。

（四）

问曰：斜行并闪步何也？
答曰：在避直逃冲。
避冲飞斜势能当，逃直非闪焉能防。
用横用直急起上，步到身旁跌见伤。

（五）

问曰：里裹与外裹何也？
答曰：在圈里圈外。
圈里自里裹打开，圈外自外裹入来。
拳掌响处无间歇，骨节摧残山也颓。

（六）

问曰：胜长又胜矮何也？
答曰：在插上按下。
身长插上正相宜，身矮按下一般齐。
眼鼻心口肾囊上，不遭打损也昏迷。

（七）

问曰：短打胜长拳何也？
答曰：短兵易入。
长来短接易入身，入身跌拨好惊人。
里裹打开左右角，外裹打入窝里寻。

（八）

问曰：脚步能胜人何也？
答曰：用坚坠跪。
前脚弯兮后脚箭，前足如矢后足线。

用肩推靠不能摇，坠跪勾挞随人变。

## （九）

问曰：身法能压人何也？

答曰：排山倒海。

一身筋节在肩头，带靠从来山也愁。

翻身用个倒海势，纵然波浪也平休。

## （十）

问曰：拳法足以克敌何也？

答曰：在披窍导窍。

一身筋节有多般，百法收来无空间。

谁能熟透其中妙，恢恢游刃有何难。

## （十一）

问曰：掌起可以百响何也？

答曰：阴阳幻化。

阴变阳兮阳变阴，反掩须托不容情。

手外缠来怀中出，两手搬开奔身靠。

## （十二）

问曰：勾挠能进身何也？

答曰：在柔能胜刚。

拳出腿来势莫挡，勾分并挽柔胜刚。

若人犯着勾挽法，进身横托不须忙。

## （十三）

问曰：用膝可以敌人何也？

答曰：在推上击下。

两手相加乱扰攘，无心思到下盘伤。
横直撇膝困穴道，纵是英雄也着忙。

## （十四）

问曰：轻勾可以倒人何也？
答曰：在手不在足。
承手牵来将次颠，用脚一勾边自然。
足指妙在勾身用，微微一缩望天掀。

## （十五）

问曰：跌法能颠越人何也？
答曰：在乘虚用势。
乘虚而入好用机，见势因之跌更奇。
一跌不知何处去，体重千斤似蝶飞。

## （十六）

问曰：拿法可以夺人何也？
答曰：在反筋偏骨。
臂力千斤真个奇，筋节乖舛任施为。
紧拿不许松松放，神迷牵来莫钝迟。

## （十七）

问曰：抓法能破体何也？
答曰：在便捷快利。
进退轻跳称便捷，伸缩圆活快利间。
体破血流红点点，指头到处有痕斑。

## （十八）

问曰：身法当如何操持？

答曰：在收放卷舒。

常收时放是操持，舒少卷多用更奇。

一发难留无变计，不如常守在心头。

### （十九）

问曰：练法更如何得窍？

答曰：在会意用力。

筋力人身本不多，在乎用法莫蹉跎。

心在何处力随往，上下一线似金梭。

### （二十）

问曰：拳法何由得精也？

答曰：在熟不在多。

拳法千般与万般，何能精透没疑难。

须知秘要无差漏，一熟机关用不完。

## 五、周身秘诀十二项

### （一）头

头者身之魁。直竖而若顶千斤，不可抬高，不可俯视。向左则略顾左，向右则略顾右，随身法以相应。高仰则有仆后之病，低视则有仆前之虞，学者先宜懔之。

### （二）眼

眼者身之主。宜精神注射，破敌全凭之，故认腿认势皆赖乎眼也。兼视一身，上下相顾，前后左右相防，皆不可不用眼。

### （三）颈

颈为头目之枢。上下相顾，呼吸相通，以灵活为主。要直竖而不可太偏，顾左顾右，随身法以相转，学者宜当领会也。

### （四）肩

肩为一身之前锋。宜带靠而陡来，宜下与膝相对，不可过于膝。亦不可不及于膝，至若偏闪，更要灵活为要。

### （五）臂

臂乃一身之门户。宜狭不宜开，开则身法涣散，敌人可揭可挑，而我之身难保矣。宜以气应之，臂力使上，则气吸上；臂力使下，则气降下。臂力开，则随身法以相转，不可使孤行为要。

### （六）手

身之围护者手也。要轻松圆活，刚柔相济，上下前后左右相顾。左上则右下，右上则左下。亦有左则俱左，右则俱右。此以身法速转，方可如此。更有变阴变阳之妙，长短伸缩之玄。总之，以熟为要。

### （七）胸

胸乃我身之墙壁。宜开之成其一片，亦不可俯仰。两手常须护持，勿使敌人攻入；苟使近身，纵有能者，亦难敌矣。

### （八）腰

身之枢轴者腰也。腰要灵活圆熟，直鞭兼顾。况力皆从腰出，气亦由腰所运；一屈则气阻力闭，上下不能相通矣。

### （九）臀

下身之所重者有臀。宜与肩相应而成一片，肩过右则摆右，要陡然相冲而带压下，故一身之筋节俱紧贴敌人身上，所谓百法收来无空闲是也。

### （十）腿

管脚之搀力，腿亦有功焉。宜悬而缩，宜活而硬。要循腰藏阴而带曲尺样，此下盘之紧密者也。

### （十一）膝

下盘之门户在膝。宜平分内裹，不可外开。若开则足尖亦开，下盘必不密矣。要在略带压下跪势，仗身法坐至将平即住。若过于坐平则腿力不坚，腰曲无力，种种失真矣。此法不必拘，要在能者变用耳。

### （十二）足

足系一身之根。根不稳，则百体难强，皆为虚器矣。妙在足趾钉下，足根坚固，不可虚前虚后。退步宜轻，踹步宜速，探步宜活，其余百盘步法，俱遵成势运用。根既坚固，周身俱活，随其所之，无不颠人矣。

## 六、短打身法统宗拳谱

百拳之法，以眼为纲。

反侧前后，求察阴阳。

浑身着力，脚跟乃强。

起伏进出，得先者王。

拳无寸隔，沾衣便亡。

腰无所主，巧终狈狼。

如钉若矢，紧倚门墙。

自顶至足，节转轮防。

接应变换，无仇为良。

八锋不挠，随颠随狂。

百拳者，诸家之拳也。以眼为尊，谓精神巧处全在眼上。如天上有日月，凡来、去、隐、跃、横、直、斜、正，无不照澈于人。对敌时，或开或闭，或虚或实，或高或下，俱要一眼观定，然后进破，自无不合。故先贤曰："由诸心，而发诸手，眼为尊焉。"

反侧前后者，谓人立身立足之法，不外此四字也。人一身伫立之间，须要配合阴阳，方知阴来阳破，阳来阴破之妙。若不明阴阳，则无变化之妙，而有呆钝之嫌。先贤曰："敌未交手，便知胜败，乃明阴阳之理也。"又曰："身法为良，乃明阴阳相生之妙也。"

能明阴阳，则当察其用力，其言浑身着力也。自顶至足，须要一片，又要在一时。若不在一时，自己先有弊病，当知真胜虚败之理也。

起伏进出者，乃势所用之法。申言阴阳之用，不是另立一门路也。诀言"得先者王"，是言以快为主，不可濡滞也。然不是先去打人道理，是我先有预防攻诱之备。谚曰"快打慢者"，即此之谓也。

拳无寸隔者，见肉锋伤之谓也。沾衣便亡者，必粘着身体，而我则不可稍缓也。

动静俱属乎腰，腰无所主，则病生焉。上下无力无势，进退展转不顺，虽有至巧亦无所用。须要得乎屈伸之妙，刚柔之法，斯为贵焉。

顾定对定，内中一切门户为贵者，谓紧倚内门也。内中门户，明如指掌。敌一动移，即紧就促倚之，纵技有掀天揭地之能，亦无所施其巧，若徒外势，安得称为上等之法。故学者，"内门"二字，宜逐一摩究也。

言自顶至足者，节转轮防之谓也。凡人进身，动以立势，静以潜形，直为进步，闪为进出，俱要节节转换，如车轮之状。其皮骨筋脉，皆要一顺为妙。

言必接应变换相连，应用之玄机也。彼来入外门，则接之；入内门，则连而应之。其不可攻者，顺而变之；其不可变者，则诱而换之，皆机字之玄也。识破机字，方称上等法字。

言八锋不挠者，非八面对敌之说，乃配合身法之妙也。我身之锋有八利焉，手、肘、肩、臀、臂、胯、腿、脚是也。以我之锋，攻彼之钝，则无法而不利矣。故琢磨者，虽颠而实不颠，虽狂而实不狂也。

## 七、下盘秘诀

### （一）双管秘法

**【歌　诀】**

双管之法果稀奇，须记脚尖是线羁。

其力要从软处得，将人双腿一缚之。

将左脚偷在他人左脚外边，或离三五寸，然后右脚缩为一球，只需要悬空离地，臀与大腿、膝尖，从人腿边软处，并膝踝边，尽力一齐压下，则人之左脚自然离地。而我之右脚，已射过他人右脚外边矣。此双管之妙诀也。

我之臀尖、腿膝尖熟缩一球，从敌人腿边抵进而带压下，将人两膝缚作一堆。

此法须要记清，一片总是手随身，身随臀，臀随大腿，大腿随膝尖，膝尖随脚，一片而抵入。

### （二）中管秘法

**【歌　诀】**

中管之法果奇焉，膝尖好似箭离弦。

其力须知一片入，将人掀跌自天然。

走中盘，必将左脚偷在他人右脚里边，或离三五寸，然后将右脚缩起，先以脚尖射入，须是一齐插进，而臀亦必紧贴身为满盘。此中管之妙，不可不知也。

又此尖须要记清，膝尖射进，亦须臀腿紧贴方称老到。

### （三）外管秘法

**【歌　诀】**

外盘管脚实难当，猛虎倚山势更强。

身臀一片须颠进，将人掀跌独擅长。

走外盘，必将左脚跌一步，离彼脚或四五寸。然后将右脚缩起，钉下腿心、腿腕。臀与大腿亦须一片用力。又有以臀从人腰下软处坐进，亦甚猛狠。

抢满则为外盘双管，此盘必要抢满为主，不然或有破处。一抢满，则千斤重体似蝶飞矣。以我之臀、大腿，从人腿踝坐下去。我臀从此坐下亦妙头。

此法就是用颠步，全要臀边着力。又名反煞盘，最为雄猛。亦名回回步。

### （四）边盘秘法

**【歌　诀】**

边盘偷巧任施为，妙法须知软处投。

也宜脚去过尺五，方为老到有算头。

走边盘，必将左脚偷在他人左脚外边，或离三五寸。后将右脚缩起钻入，必射过腿心、腿踝，方为满盘。

脚以我之膝头从人腿边射进。我之膝头射在此。此法为双管无差。

脚法之妙，虽亦多端，横直撇膝，总要视穴道而入，自然百发百中。

## 八、论一闪之法

闪乃身法（即虚步也），脚步之根本，而实拳家之秘法也。与人对敌之时，前后左右，皆可攻入。而周身皆到，更无破绽可窥。此为拳家第一妙诀，但非其人，实不可妄传耳。

### （一）走左右盘开法

与人对敌之时，敌人或以拳打来，而我即将左手望手肘边推开，要将左脚速偷一步，须离三五寸，后将身法脚步一片由缩而伸，右手从人腰边打入，右脚从人腿心脚踝边抵入，右肩从人脐下钻入。至于前后左右，俱是此打法，此百法得一之妙也，此更不传之诀也。大凡进步，总以脚抢满，为第一要着。

### （二）走中盘闩法

敌人拳来甚急，未及偷步，而我即将左脚略摆一下，右脚由缩而射入，此为半步打法，其快捷无对。大凡走中盘，须记是脚膝尖射入，正似离弦之箭。

### （三）走外盘闩法

敌人拳来之时，而我须用左脚略跌一步，或离三五寸，后将右边一齐腾起射入。此闩步打法，最能取胜。大凡走外盘，须记闯满为主，乃是外盘双管，其最掺力处，须至臀上。

凡此三盘，须起里手妙诀，而其中要分托、交、挽、拉之异。走左右，须用挽拉手；走中盘，是用交手；走外盘，是曰托手。故曰：拳按阴阳次第掀也。

## 九、步法跌人

### （一）勾　法

勾脚之法，在手不在足，盖以下勾上必推故也。妙在脚尖带起，脚跟站地，须以快利为主。倘敌人闯满，须跌开一步（能手不必用此法）。

### （二）挞　法

挞脚之法，手与身脚俱要一齐着力。敌人管脚之时，即以挞法跌之。跌一步，最能取胜（宁可学跌法，不可学挞法）。

### （三）提　法

此乃破勾脚之法。敌人勾时，我脚虚悬（言不必用力），随其勾去之时，一齐压下，则人自跌矣。

### （四）颠　法

颠脚之法，以脚踹人节缝处，以快为主，以后跟着力。

### （五）搜　法

此法最难，观敌人之形势，而以膝头一搜跌之，须要攻其空处。

### （六）踹　法

此法不是以脚踹至空处，与颠法相似，以脚板用力。

### （七）剔　法

剔脚之法，将脚尖悬起，往人脚臁剔去，或往膝尖与节缝边，当用暗力，亦可跌人。

### （八）偷步法

偷步，须要在有意无意之间。点步、站步、抵步，皆从此出。

### （九）梅花步法

梅花五步，乃太极之义，循环无端，前后左右，皆可操练。其法每以步步占中心为主。

## 十、八面肩头

### （一）直　肩

是一闩用法。其肩是陡然相冲，与臀一片，即横冲直撞之法也。直肩，后手、后肩直出。其弊在松。

### （二）压下肩

是一披用法。其肩如山压下，要身法一齐而进，压下是身法撼进。

### （三）倒后肩

是一揭用法。其肩带从下肋起，须要身法一片，倒后肩，再宜得力。其弊在脚，不能紧跟。

### （四）倒前肩

是闭阴用法。其肩带从上肱，而臀送进，须身手一齐，倒前肩，再宜投虚。其弊在脚，不能垫进。

### （五）射起肩

是从下肋起，展翅、戏珠俱用，须要由缩而入，射法后手要曳紧。其弊在脚空虚。

### （六）陡起肩

须要与倒后肩头相似，而略带斜，裹横拳用之，须是连身一齐，陡起是柔撞势。

### （七）凝肩、挺肩

最要磨炼。其身法、脚法，并八面肩头，皆从此化出。其要是浑身会意一坐，两边一凝一挺，实出通身脉力，须会百骸筋骨，一齐收矣。身要盘，略弯便是弊。凝、挺肩头，坐亦可想，立亦可练，阔狭短长，无不可学。其弊在仰后、仰前，须要条直。

## 十一、身法操持

凡与人对敌之时，身法带缩，腰法带弯，偷步宜快宜活（须以脚趾粘地），两手必换护，两眼必须射敌人，身手一动，即以身法步法，击至空处。

**【歌　诀】**

与人对敌要推详，身体从容不用忙。
破敌全凭一双眼，躲拳须要侧手防。
他拳放过须忙进，腋下轻舒难抵挡。
若要短打敌长手，跟身到腋是良方。
身法总是一个横行直撞，即所谓侧进身偏也。

### （一）审　势

与人对敌之时，总要攻其空处。空处何？两肋、胸、腰、腋，并腿心、腿踝是也。能攻空处，则敌人无所用其力，自能百发百中，则所谓避实击虚之法也。对敌之时，敌人一动手，须要认手理清，方为妙法。

### （二）粘　身

与人对敌之时，须要平心舒气。敌人一动时，则以脚踏进，更以我之手、肩，粘住人胁边，转身一齐着力，则人自难逃闪矣。

### （三）到　身

到身之时，手、身、肩、膊、臀与大腿、膝头，须要一段而进，更在一齐着力。前后手要相应，前后脚亦要相应。前手用四分力，后手用六分力。前脚用四分力，后脚用六分力。后手第一要曳得紧，后脚第一要拴得直。以后脚过身法，以身法送前手。又以后手曳住，须以勒马状样。故知拳家之定舵，须在一只后手，要领会也。后脚拴得直，所谓势去也。后手曳得紧，所谓势来也。一段而进，所谓百骸筋骨一齐收也。煞手之时，用力须在眉尖一线，所谓一身精力在眉尖，咬牙带皱山也愁是也（又名：眉尖带蹙，心最狠也）。

### （四）一　片

身法一片，须是以我之肩膊，挟住人胁；以我之手肘，垫住人腰；以我之臀，贴住人臀；以我之腿，夹住人腿；以我之膝头，击人之腿腕。俱要一齐直射，一齐着力，不可稍有先后。脚法是颠。此一片之法也（又云：拳法要神形一片，左右烂熟，齐进齐退，思过半矣）。

### （五）走　场

大凡进步，后脚必从前脚跟边出，脚到务要比前脚过三四寸，去时不可直挺。脚膝渐弯，要循腰藏阴。而脚尖不可过勾向里，脚趾不可离地。两膝要分阴阳，不可平分。厥似腿样，名曰：巽风腿。到时一齐压下，身法要直竖带偏，胸必开，背必合，臀必挟，头与颈必直竖而带偏转。两目精神，紧望敌人眼。手腕略带弯，不直挺。打下神至，必望敌人面，直拴至胸前，通身一齐着力。所谓百骸筋骨一齐收一齐放也（又拳以猛快为主，所谓迅雷不及掩耳也）。

### （六）走　盘

眼要着意分明，认手、认腿、认势。身要活动，进退要得宜。腿法务要飞腾，手法要轻浮坚固，脚法要健力。颠桩带腿，欲其迅也；披撇横拳，欲其猛也；活捉朝天，欲其柔也。

## 十二、习练身法秘要

拳家秘要，总要一个身法。身法者，亦如用兵之有主将也。然身法道理，最难得至妙处，亦且正多弊处。何则？身法贵乎低，然低而腰屈，则腰失其真矣。身法贵乎竖，然竖而头仰，则头失其真矣。甚至有手到而身法不到者，有脚到而身法不到者，甚至有锋芒反逆者，此皆大弊病也。身法有三诀焉：一曰伸缩，如龙之灵变，如虎之快利也；二曰直射，直射者，如箭之快入也；三曰一片，一片者，手到、脚到、身到之谓也。能臻此三者，则身法备矣。谨将练法、打法，次序开列于后。

### （一）练力法

两脚站定，先将左脚并身法略缩一下。缩时须要右脚悬缩在左脚一堆，又须左手放在胸前，右手缩在胁下，通身更在会意，一片缩紧。然后尽力，一片射出，务要身、手、脚一齐俱到。到时一齐尽力鞭开，后手比前手更要着力。此所谓百骸筋骨一齐收一齐放也。

### （二）半步练法

两脚站定，先将左脚并身法，略摆一下，右边射入。其百法俱要与前身法一样。

### （三）出步练法

先将左脚略偷一步，以脚趾粘地，速即以脚跟一摆，转身，其到身之法仍与前无异。此练身法之秘诀，断不可轻易说破，是拳家三昧，破敌全在于此也。拳家最难得者，在身力。苟不会意，虽工夫用尽，而其妙处未得，然其诀自有在也。其诀在何处？在后脚跟上得之。射去之时，后脚不可呆死，必需要紧跟前脚半步，入地之时，更要往前尽力一抵，则身力自然得矣。此眉尖一线在此悟也。一抵之时，虽是尽力往前，更在会意。脚跟往地一掀，脚趾往地一挝，方尽其妙。

## 十三、用　力

周身用力，逐一细推。头如顶千钧，颈如搬树转，下颏如龙戏珠而挺出，肩膊如铁浑坚而陡来。前手如推石柱，后手如扯拗马。前脚如万斤之石压，后脚如门闩之坚抵来。臀如坐剪夹大银，身如泰山无可撼。此周身用力之妙，摹神设想之巧者也。

### （一）一　线

一线用力者，见肉锋伤之言也。此须以意会，而不可以言传。譬如与人对敌之时，自己先已慌张，力皆先出，则到身之时，必无力矣。须于未敌时，平心静气，若毫不介意。待敌人动手之际，而我方分分清清，一片射进，通身之力用在一时，如舞锥子钻入，牙齿带咬，眉尖带蹙，此所谓煞手之妙也。

### （二）借　力

敌人进来之时，凶狠难挡，而我须两眼认清，或用躲、或用闪，借其势以跌之。所谓见势因之跌更奇也。

### （三）偷　力

敌人来时，纵然凶狠，而我须于软处，或节缝处斗之。则彼之力无所用，而我得以伸其力矣。故谓之偷力。

### （四）提劲运用之法

大凡运劲之法，在乎气。而气之虚实，全凭小腹下运之。盖周身运动，气为之先。若气不在小腹，而在上胸，此上实下虚，而下步必不能坚固紧密，其何取胜于人耶？夫气者，力也。拳家之根本也。藉气足则力亦足，不可乱出。苟或乱出，则如大力之人，多有一遇对敌，力转不能以自伸，所谓气阻力闭，而无循环相生之妙也。然则劲当何用？力之必从腰转出，方能得法。如右脚出时，其脚要熟点而出，将身法一低，两肩一垂，两手掩胸，左胛提起，右胛放松，腰往前一低，而周身之气，往下腹一沉，则上虚下实，而下步自能坚固紧密矣。至于前后左右俱是如此，此出步提劲之运用也。

## 十四、入身煞手猛迅秘要

拳法之精渐，须要功夫到十分。然有十分功夫，而拳法仍不及精微者，何也？入身之要处，未造其极也。然则入身之妙，在何处？其法在探步上见之。假如阵中对垒时，必先用个探子，观其虚实，然后可以进兵。苟不用打探，而妄杀人，未有不受其亏者。又如船家往左往右，其妙不在船头，而在船舵。船头往何处，即将船舵一摆便是。今试之其妙，凡与人对敌之时，或走左盘，或走右盘，或走中盘，或走外盘，须要审定敌人形势。即如左右盘，其脚便要探在他人脚外边，以我脚尖对彼脚尖，又不可过远过近，须离三五寸为规。过近则翻身无势，而两相触矣；过远则翻身不满，而人必不倒矣。即如中盘，其脚更要探在人脚里边，亦以三五寸为程。至若外盘，其探一步，最宜快捷，须要似跌步样。总之，探步之法，宜快宜活，宜轻宜浮。不可作言，不可露形，此乃入身之妙也。

然则煞手之神，又在何处？其神在眉尖见之。譬如耕种之家，三岁孩童，俱在田内用力，而一家之大小，无不用力可知矣。人之一身，眉尖上面，有何力处？而眉尖亦似用力，则一身之用力，不待言矣。试言其神，大凡理手行拳，未然之先，毫不用力，犹如风吹杨柳，柔软无力。及至煞手之时，正如天神下界一般，浑身如铁，而不可犯。双眉带蹙，牙根似咬，而眉如山之陡来，一身如石之坚固，而又非若努筋面赤者之妄用其力也。其用力时，在煞手一刻。其神处，在眉尖一线，所谓一线之力在眉尖是也，即所谓煞手之神也。

至于迅猛要处，总是未入身之时，须要缩在一球，既入身之后，一身俱可着力鞭开，双眉带蹙，牙根似咬，身法是直撞，脚法是颠桩，浑身尽是一片射入，此所谓迅猛之要也。

至若合此三者，更能得一段神气。射进之时，更能刻入几分。如此，可论精微矣。

刻入二字，再要理会。如射进身时，不能满到十分，便不可言刻入。不至射到十分，亦不可言刻入。即入射之数丈，而我之精神便止，犹不可言刻入二字之精微也。刻入犹如我之一身，尽要射至人心、肝、胆、肺里，才为快之，方是刻入。

## 十五、口传百法

练打之时，要凶狠尽力，从硬打做软，从有力打做无力，方有精法。开始就以软打，后来终无精法，故拳要软中硬者，此也。又练法之时，如设一敌人在面前，手当如何进，肩当如何入，脚当如何管，俱要算定，打时必要认真着力。

人练打之时，肘、胯、肩先下，是要紧关头。譬如一动手时，而两肩一跌下，则身法自然低，随身转打，俱是恰对敌人空处，所谓垂肩带靠者是也。

又练打之时，前手如探子，必要理清。就是敌人一动手时，精神必要为之掀开，令彼自露其空处。然后一转进身，便处处是空中投石，所谓乘虚而入好用机是也。

又煞手之时，紧记后手一曳，必须要后脚一抵。而其最妙之处，更在坐桩，往下一踵，则通身皆精其法也，自无仰前仰后之弊。

场中切要：一眼、二快、三不善，全在遇空则攻进。

守身切要：拳要上下左右俱顾。顾者，固之谓也。我身之上下左右，皆能坚固无失，则随其所往无不利矣。

## 十六、迷　拳

凡人之立势，有前有后，有左有右。前后左右，而直攻之，谓之正。前后左右，而侧攻之，谓之奇。遇正则力健者矣。至健力雄者，失其雄，皆出于定料、揣度之外者也。故人披而我挂，人挂而我搬，人搬而我削，人削而我遁，人遁而我角。拳出拳外，莫之参酌；拳入拳内，莫之审度。变化无数，古今伟拨，因之不可端睟，故名之曰迷拳。

### （一）迷拳盘

博弈有一定之盘口，不可或乱，拳家亦然。譬如六节迷拳，前后左右，如有一定之盘，平日未尝讲究，临敌必致狐疑。虽曰拳要见境生情，而一定之理，断不可差错。倘盘口不起，奚能论拳乎？今述盘口于下。

披揭，走边盘（中盘亦可）。戏珠，走中盘（大忌钢叉势）。抱蟾，走散盘。展翅，走边盘。闭阴，走中盘（边盘亦可）。压顶，走散盘。

散盘，是边盘，中外皆可。所谓审人之形势，以运用也。

### （二）迷拳用肩法

歌云“一身筋力在肩头”，则拳之妙，以肩为重，而手不过补之。其法若不道破，徒以两手相往来。试思人之一手，其力果有几何，而能取胜于人耶？然肩亦非一种，有用直肩者焉；有用压下肩、让肩者焉；有用倒前、倒后肩者焉；有用射起、陡起、凝挺肩者焉。其中各有妙处不同，贵所用之得法耳。

## 十七、死手解救

### （一）二鹰捉兔

敌人起身，或扭我胸，或箍我腰，一时无法可制。我将二中指往两眼插进，又将大指往鼻子勾进，往前一拖，敌人自然松放。此法名为“二鹰捉兔”。

### （二）火焰钻心

敌人拳来正狠，无可躲闪。我用双手往下一拨，随后腿钻心剔之。此法名为“火焰钻心”。

### （三）钉心肘

敌人当心进来。我亦不用挑，不用打，只往胸窝口一肘顿下。此法名为“钉心肘”。

### （四）双刀杀鸭

敌人当面扭我胸。我手拿住他手，随以身倒退，用反掌，往喉咙一剐。此法名为“双刀杀鸭”。

### （五）双反刀

敌人当面箍住我腰。我亦用双掌往喉咙一剐，须以手跟着力。此法名为“双反刀”。

### （六）猛虎出柙

有人背后将我两手箍住擒起。我将两手紧紧带着敌人袖口，只将右脚一缩，往他人脚膝上一撞，自能解救。此法名为“猛虎出柙”。

# 十八、拳法备要总歌诀

## （一）总歌诀

舒衫立势袖填拳，掌按阴阳次第间。
审势分明知躲闪，防身斜侧识端偏。
进攻推托步偷半，插打搬拿学贵全。
欲不临场心手乱，闭居发奋读斯篇。

## （二）身法指要

头端面正手平分，直竖身昂腿护阴。
斜立足分丁八字，势如跨马挽弓形。
脚腿不浮身便稳，足趾须矫摆捉灵。
脚动脚跟同进退，肩投腰衬臀齐行。
反伸复缩随舒卷，偏闪腾挪势势承。
练习常如寡敌众，横冲直撞莫留停。

## （三）手法指要

撑拳托掌若风烟，劈欲抓拿势贵偏。
挺去牵来脚管硬，勾搬裹挽削披连。
三盘内外须纯练，前后高低浑打全。
一日无闲三岁满，包能发手倒山巅。

## （四）步法指要

两膝微弯力自然，撑前箭后练成坚。
之从顺闪腾挪步，玄经斜出反回圈。
翻覆旋风肩平硬，膝雄跟踹带钩镰。
跟落趾悬神化用，轻浮坚固步中玄。

### （五）眼法指要

两眼睁睁若朗星，头端审势更分明。
点前顾后疾如电，展动周旋似转轮。
觑定敌人身手脚，乘虚攻击法如神。
临场对敌人难近，全在双眸练得清。

### （六）气法指要

紧闭牙关口莫开，口开气泄力何来。
须知存气常充腹，煞手休将气放怀。
回转翻身轻展动，贯通筋骨壮形骸。
终朝练习常如是，体质坚牢胜铁胎。

### （七）百法同源

个中奥妙在深玄，道在师父学在专。
拳法千般学不尽，机关万种卒难言。
总之熟便能生巧，处处相承节节连。

### （八）颠狂歌诀

颠狂妙着熟知音，一闪一消便进身。
他若卸身搬桩着，左来擒结可相亲。

### （九）双闪歌诀

拨肘闪步如虎狼，左右靠山不可挡。
外加两步勾趟踹，八阵图中势少双。

### （十）寒鸡步歌诀

寒鸡一步来卖脚，君家贪抢不知觉。
左擒右就必拿起，旁人笑我心肠恶。

### （十一）铁牛耕地

耕地势来指面庞，泰山左压右掀桩。
不露臀兮肩着力，脚跟铁打也难挡。

### （十二）闪步歌诀

闪步边锁原是惊，左扫右刷为真情。
泰山封闭用仙招，打伤狼狈不知音。

### （十三）左右两边扫

左右两边扫，滚步一边靠。
顺入加颠狂，回踢打穴道。

## 十九、交盘口诀

大凡交盘之法，先固自己，再应他人。内外用力，彼不知上来下去，左来右去之妙。第一不犯破，第二不犯招架。或寒鸡步，或压步进，或颠狂步进，或梅花步进，或之字步进，或玄字步进，或回龙步进，总配合身法。手不可过眉，胸不可挺，胁不可开，臀不可露。不可迟滞，不可惊畏，着着在人空处血道边，必无轻放。手为规，足为矩。规矩成，则百法备矣。

## 二十、下步秘要

臀力全见之于坐下，与左右摆身法。倒左则摆右，倒右则摆左。实如其所至，则敌人脚不能自粘，且一身俱紧密。此第一要着也。

脚步之法，全在活泼。其快如箭，其利如针；可长可短，能屈能伸；进则无形无影，退则雨散风停；不可迟缓，不可硬坐。此脚法之要领也。